中国教育学会"十一五"重点课题成果
国家基础教育实验中心社区与家庭教育研究所实验项目用书

【牵手两代】父母课堂

—————— 初中 ❸ ——————

孩子，成就你自己

主　编　孔　屏　于华林　金　琰

本册主编　孔　屏　于华林　权福军

北京出版集团公司
北 京 出 版 社

图书在版编目（CIP）数据

孩子，成就你自己／孔屏，于华林，金琰主编.
—北京：北京出版社，2011.2

（牵手两代：父母课堂.初中；3）

ISBN 978-7-200-08610-2

Ⅰ.①孩…　Ⅱ.①孔…　②于…　③金…　Ⅲ.①初中—
中学生—家庭教育　Ⅳ.①G78

中国版本图书馆 CIP 数据核字（2011）第 023470 号

牵手两代——父母课堂

孩子，成就你自己（初中③）

主　　编　孔　屏　于华林　金　琰
本册主编　孔　屏　于华林　权福军

*

北京出版集团公司
北京出版社　出版
（北京北三环中路 6 号）
邮政编码：100011

网址：www.bph.com.cn
北京出版集团公司发行
新华书店经销
北京市通县华龙印刷厂印刷

*

710×970　16 开本　13.5 印张
2011 年 2 月第 1 版　2011 年 2 月第 1 次印刷

ISBN 978-7-200-08610-2
定价：30.00 元

如发现印装质量问题，影响阅读，请与我社联系调换。
图书质量监督电话：010－62967578，图书销售电话：010－62269060

丛书策划：金　琰　廖晶晶

丛书主编：幼儿篇：孔　屏　高彤鼎　金　琰
　　　　　小学篇：孔　屏　金　琰
　　　　　中学篇：孔　屏　金　琰　翟召博

培训专家：马　健　王大龙　王　玲　王桂香
　　　　　孔　屏　曲振国　李晓凡　李　罡
　　　　　李跃儿　胡　宏　金　琰　姚洪昌
　　　　　郝　杰　赵　刚　钱志亮　密守军
　　　　　黄沧海　韩杰梅　游　涵　管文荣　等

咨询电话：(010) 62967578　　(010) 62968558

　　孔屏，山东省青年管理干部学院社会工作教研室副教授，国家二级心理咨询师，全国教育系统关心下一代先进个人，天下父母大讲堂专家，山东商报《成功父母大课堂》教育专家；济南市家庭教育讲师团主讲；山东商报家长热线主持，曾经主持过齐鲁晚报成长热线、生活日报心理热线、中学生报青春热线。

　　著有家庭教育及心理专著三部：《蹲下来和孩子说话》、《用心和孩子交流》、《你的身边有我》；主编家庭教育专著多部，为中小学家长及教师做专题报告近200场。

　　金琰，女，1969年1月生，北京人。毕业于北京师范大学教育学院，获家庭教育学专业硕士学位。系北京青苹果讲堂创始人，潍坊行知家庭教育和心理健康指导中心主任。

　　自2005年岁末起，其带领几十位全国知名家庭教育专家扎根在潍坊市，协助潍坊市深入实施"亲子共成长"家庭教育普及惠民工程，帮助潍坊市百万家长重回校园，学习基本的教育心理学知识。

　　因其为潍坊市家庭教育工作所作出的突出贡献，该同志在2006年岁末获潍坊市"春华奖"称号，在2007年被全国妇联和教育部联合表彰为"全国家庭教育先进个人"。策划《家教智慧从哪里来》、《你的身边有我》等家庭教育类图书，策划并联合主编《牵手两代——亲子课程》丛书。

序言

　　要说今天出版的家庭教育指导方面的图书，数量可真不少，到书店随便逛一逛，你就会发现，可以说是五花八门，琳琅满目。但真正有价值的却是凤毛麟角，绝大多数是"急就篇"、"拼凑篇"、"绝招篇"、"经验篇"，其中有相当一部分的家庭教育指导图书，在科学性和实用性上存在着严重问题，实在令人担心。面对千千万万求知若渴却又缺乏分辨能力的家长，不知道那些所谓的家庭教育指导图书将把我们的家庭教育引向何方？

　　高兴的是，毕竟还有一批具有高度社会责任感、富有良心、拥有真才实学的学者和实践者，他们没有辜负社会和千千万万家长的热切期望。他们既能深入实际调查研究，又能坐下来，沉下心来，认真思考、钻研家庭教育理论问题，刻苦探索家庭教育的规律，努力尽自己所能，为发展、繁荣我国的家庭教育事业奉献自己的一份力量。

　　这套《牵手两代——父母课堂》丛书，就是由这些专家和实际工作者撰写的。我反复地阅读了这套书稿，深感这是一套很有价值的家庭教育指导丛书。这套丛书有几个显著特点：

　　该书以科学发展观为统帅，全书紧紧扣住"家庭教育要有利于孩子今天的发展，更要有利于孩子明天和后天的发展"这样一个科学的理念，努力引导读者，克服那种只顾眼前利益而忽视长远利益，甚至以牺牲长远利益为代价的"急功近利"的浅薄的教育思想。

　　该书以素质教育为导向，以促进孩子在德、体、智、个性几方面得到全面发展为内容，引导读者认识到，培养教育孩子是一个系统工程，要全面关心、培养孩子，努力克服片面的"一半的教育"和畸形的"单打一"培养的倾向，为孩子身心协调发展和积蓄发展的后劲奠定基础。

该书对影响孩子身心发展的种种主客观因素进行了全面的分析，努力引导读者认识到，随着社会的发展和社会生活的复杂化，影响孩子成长发展的"变数"越来越多，培养教育孩子是一个复杂的过程。千万不能把家庭教育简单化、庸俗化，不能轻信社会上流传的种种教子"秘诀"、"绝招"、合辙押韵的"顺口溜"和虚头八脑的"口号"。

该书自始至终引导读者要认识到，培养教育孩子是一门科学，必须要了解、掌握、尊重孩子身心发展和家庭教育的规律，重点关注家长培养教育孩子的思想观念问题，学会动脑筋进行教育的思考，努力提高家长的素质；不要把培养教育孩子看成是单纯的技术性的问题，只是关注培养教育孩子的具体做法和手段。

随着社会的发展，人们对家庭教育越来越重视，迫切希望得到指导。目前出版的家庭教育图书虽然数量不少，但缺乏系统性、连续性，满足不了家庭教育实践的需要。要实现家庭教育的科学化，很需要出版系列的家庭教育指导丛书。这套丛书尽管并不是完美无缺的，但毕竟是很有意义的一个探索。我希望这套家庭教育的指导丛书能成为儿童和青少年家长们的良师益友，使之为家长排忧解难，增强培养教育子女的自信心。

中国教育学会家庭教育专业委员会理事长
中国家庭教育学会副会长　　　　　　赵忠心
北 京 师 范 大 学 教 授

编者 的话

这是一套为 0～18 岁孩子的家长们编写的教育丛书。

这套丛书以陶行知"生活即教育"理论、马斯洛"需要层次说"理论及加德纳的"多元智能理论"为依据，以造就"因教育而幸福"的亲子及"因教育而美好"的家庭为最终目标，围绕着不同年龄阶段孩子的不同发展需要，面对家长的期待与无奈，用自然而觉悟的心灵独白、真实生活场景下的心灵对话、美好而耐人寻味的亲子教育故事、典型的教育案例分析和点评，自然提示并深入解决相应年龄阶段家庭教育所可能出现的主要矛盾和主要问题。在此基础上，从孩子与自己、孩子与他人、孩子与家庭（家族）、孩子与学校、孩子与社会、孩子与自然等关系和相应的生活情景出发，帮助不同经济条件、不同文化背景和社会环境下的家长系统地设计出一系列立足于家庭生活本身、简单易行且效果显著的家庭教育活动。

本套丛书可以成为广大中小学和幼儿园的家长学校日常教学的重要载体，也可以供广大家长自学和家庭亲子阅读使用。

国家基础教育实验中心社区与家庭教育研究所

家长教育普及工程项目部

目　录

第一章 情真需有"道"——
学会正确关爱孩子

妈妈是个爱管闲事的人，平时写日记时，她总是问我写的是什么内容；买礼物时，她总问我送给谁；就连打电话时，她都要问我打给谁，是男的还是女的……唉，真不知道别人的妈妈是不是也这么事无巨细，事必躬亲啊！

这不，前几天，我很高兴地回家，很高兴地拿出心爱的日记本，认真地写起日记来。也不知道妈妈是什么时候进入我房间的，就在我要写完的时候，妈妈的声音突然从我背后传来："今天又写了什么呀？能让我看看吗？"我忍不住火了，大声冲妈妈吼道："妈！你可不可以不要什么事都问啊！我还有没有自由?!"妈妈脸色大变："问一问怎么了？我这是关心你，别人我还不管呢！"

"你是在打探我的个人隐私你知道吗？请允许我保留一点个人隐私，可以吗？"我生气地打断妈妈的话。

"打探你的隐私？你把你妈都看成什么了？特务，还是间谍？"

"我可没这么说，这可是你自己说的啊！"我没好气地嘟囔一声。

妈妈愤怒地摔门出去了……

第二天早晨，天气有些凉意。我正出门，妈妈却把我叫住了，说："今天变天了，加件外套吧。"

"不用，我不冷！"我说着，一边在想，你让我穿我偏不穿，凭什么都得听你的！

"不冷也得穿上，冻感冒了还不得上医院？受罪不说，还得花钱，你以为你妈挣钱容易？赶紧穿上！"妈妈突然变了脸。

"难道我连冷热都不知道吗？不穿，就不穿！"我不知道哪里来的勇气，竟然有一种对抗到底的信念。然后，我头也不回地跑下楼去……

唉，我妈妈是不是到了更年期啊？妈妈总是唠唠叨叨的，我也知道妈妈是关心我，是为了我好，但是这种关心到底有没有必要？能不能换种我更能接受的方法来关心我？

😊 内心独白

生活中有些东西不必在乎，可有些东西不能不在乎，那就是对孩子的爱。

我的女儿上初中后，渐渐养成了写日记的习惯，有时候我无意中经过她的房间，就会随口问一句："孩子，写什么呢？"其实我就是习惯性地随口问问，并没有打探孩子隐私的意思，但是此时女儿总会"啪"一声把本子合上，不耐烦地说句："没干什么，你烦不烦啊？"她学习的时候，我进屋给她倒杯水或送盘水果，也会招致她的反感。"妈，你没看见我在学习啊，别打扰我行不行？""妈，你进来怎么也不先敲门啊？"……

后来，女儿就总是把自己的东西锁得严严的，钥匙藏在自己的兜里。一天晚上，我忽然发现，女儿把钥匙放在桌子上。我喜出望外，拿了钥匙准备去开女儿的柜子，她爸在旁边说："别这么干，让你闺女知道了，跟你没完。"我想，算了，别招惹她了，就把钥匙放回了原处。没想到第二天，女儿醒了大叫起来："你们偷看了我的东西！"我冷静地说："没看！"女儿说："别以为我不知道，我的钥匙上放了一根头发丝，怎么不见了？"我倒吸了一口凉气，依然镇静地说："没看！就没看！"女儿仍然穷追不舍："看了就看了，还狡辩，告诉你吧，我每个东西上都有暗号，以后我的东西你们少看！"说完"砰"的一声关上了门……

我愣了一会儿，无奈又伤心，唉，女儿都把我当特务了！

 教育故事

无奈之际，我去拜访了家庭教育专家孔老师。说明来意之后，我们便交谈起来。

孔老师先问道："您最近经常和孩子交流吗？"

"交流啊，不过都只是关于学习的事情，对于一些隐秘的话题，女儿不大跟我说。尤其是因为前些天的那件事，女儿好像啥也不想跟我说了。"

"孩子毕竟是长大了，不可能像小时候那样，什么事都会跟家长说。"

"照您这么说，孩子这个样子属于正常了？"

"这是青春期孩子的普遍现象，没什么大不了的。不过呢，孩子不愿意和家长交流总有孩子的原因。您知道孩子为什么不愿意跟您交流吗？"

这话还真问到我的苦恼处了，孔老师见我一脸迷茫，便又说开了："因为孩子长大了，她需要有自己的空间，拥有自己的小秘

密，她希望你们能尊重她的隐私权。"

我还真有点吃惊："我真搞不懂，在妈妈面前，孩子哪有什么隐私不隐私的呀？再说，我也无意打探她的隐私啊，我不过是关心她而已，孩子怎么就把家长的好心当成驴肝肺了呢？"

"您看您说的，家长是家长，孩子是孩子，是两个完全不同的个体。个体与个体之间要互相尊重，母子也同样如此。想想，您当年像您孩子这么大的时候难道就没有自己的小秘密吗？其实，每一个人在成长过程中都有自己的秘密，虽然这些秘密在父母看来根本算不上是什么秘密，但孩子却看得很重。如果父母经常问青春期的孩子'你在写什么？你在干什么？'之类的话，孩子就会产生被人监视的感觉，这种感觉是非常不舒服的。"

"其实，我哪里是在监视孩子，我是担心她有什么事自己解不开，又不跟我们家长说。唉！"

"家长因为关心孩子，孩子不领情而生气；孩子呢，因为自己得不到家长的尊重而苦恼。问题究竟出在哪里呢？是你们之间缺乏理解，家长不理解孩子的心思，而孩子呢，也不理解家长的心理需求。"

"那我们怎么做才算是理解孩子呢？"

"家永远是孩子的避风港。孩子如果真遇到自己解决不了的事，最终会求助于家长的，只是家长得耐心等孩子自己来求助。"

"哦？"我有些不大理解了。

"每一个人都有自己的私密空间，连夫妻之间都需要保持一定的人际距离，更何况是青春期的孩子，他们在人格上强烈要求独立，需要家长尊重自己，了解自己。如果家长不尊重孩子的人格，过度侵犯了孩子的私密空间，孩子的心理会缺乏必要的安全感和信赖感，孩子自然会拒绝与家长进一步交流。说穿了，很多时候，家长过问孩子的事并不是真正关心孩子，而是为了缓解自己的心理焦虑。减轻自己的心理负担。您仔细想想，是不是这样？"

"哦，这我还真没仔细想过。也许您说得对！"

"关爱是一门学问！凡事都有个度，关爱也不能太过火，应该留给他们一些自由的空间，这样一来，他们才会觉得他们得到的是爱，而不是限制。"

"嗯，我有点明白了，孔老师，那我以后就不管孩子的事了。"

"不是不管孩子的事，是怎么管的问题。尊重孩子追求自由的权利，也并不等于不管不问。家长还是应该改变自己的沟通方式，在适当的时候给他们以引导。孩子终究是孩子，在他们面临两难抉择时，仍需要家长的支持和指引。"

"听了您的话，我受益匪浅。我一定好好努力，争取做一个理解孩子的好妈妈。谢谢您，孔老师！"

 专家课堂

一、 爱的误区

教育从爱开始，影响孩子的一生。爱的教育是一门科学，是一个人成长的重要因素，所以父母在爱的教育中，起着重要

作用。

一般可以把父母的爱分为两种：健康的爱和不健康的爱。不同的爱体现不同的质量，产生不同的结果。健康的爱是父母有意识的行为，是有想法的行动和语言，将转化为孩子爱的能力和成长的能力。不健康的爱则是无意识的表达，是父母不稳定的情绪化行为，使孩子产生错误的自我判断，缺乏自信、自爱和自尊。天下父母都爱自己的孩子，但爱的方式差别很大。父母不健康的爱，会直接影响孩子的成长，造成孩子爱的饥饿，引发孩子内心不稳定，没有安全感，不会表达爱。

以下五种爱，是没有意识的爱，是不健康的爱，往往造成爱的负面效应。

1. 过分保护的爱

不让孩子有一点挫折，生怕出现半点闪失，一切大包大揽，这就是过分保护的爱。孩子的经验不完全来自于成功，失败的经验也会给孩子带来知识和能力。过分保护，让孩子失去自我主动尝试的能力，当孩子自知没有能力的时候，便会感到自卑。得不到摔打和锻炼，就是剥夺孩子失误的机会和成功的机会，使孩子逐渐变得懦弱和无能。

在孩子的潜意识中，保护意味着父母对自己的不信任，含义是"我"不够好，惧怕出现失误。这样的孩子逐渐变得依赖父母、依赖别人、缺少责任心、缺少冒险精神。孩子要学会自己站立起来，学会抓鱼的方法，而不是等待到手的鱼。人生充满冒险和困难，健康的爱应该是为孩子创造一个克服困难、不断成长的环境。家长应当鼓励孩子自己去尝试失败、敢于失败，最终获得成就。

2. 无节制的爱

无条件地满足孩子的一切要求，就是无节制的爱，也可以说是溺爱。无节制的爱大多培养出无视父母、无视他人的孩子。无节制地满足孩子，会让孩子爱的意识麻痹，这样的孩子往往很自私，以自我为中心。

爱需要节制，当一切要求都变得理所应当，孩子就只会接受和等待爱，不会表达爱。无节制的爱，会让孩子形成冲动的心灵，没有是非辨别能力。尤其在花钱上，表现冲动，不做思考，无计划性。父母应当控制孩子的要求，有选择地满足要求，让孩子在真正需要的时候，自己主动提出来。

3. 失去权威性的爱

家庭犹如社会，需要纪律和管理；父母失去尊严和权威，教育和管理就会失控。孩子会利用父母的溺爱和迁就，变得目中无人，为所欲为。父母失去对孩子的权威性，还会使孩子进入社会以后，胆大妄为，惹是生非。爱应当是父母意志的体现，是有意识的管理。

正面强化——奖励机制的运用和负面强化——批评或者惩罚，都是有效建立家长权威的手段。要注意的是负面强化要把握好度，应该认识到这是父母有意识训练的需要，训练针对的是孩子的头脑，而不是身体。这是温柔而坚定的训练，为的是让孩子最终接受和明白父母的权威性，为以后有目的地管理教育孩子作好铺垫。

4. 完美主义的爱

父母都认为自己的孩子好，是天才，于是不断地给孩子加压；家长自身的无能和虚荣，投射在孩子身上。家长用自己的理想造就孩子，用孩子做自己的梦，这就是完美主义的爱。很多家长望子成龙，总把焦点放在孩子没有做到的小部分上，而把做到的部分看做理所应当，没有给予肯定。孩子的能力得不到肯定，孩子就不能在内心建立一个充分的"自我"。

孩子并不能完全认识到自己的能力，往往在达不到家长过高的标准时，就会认为自己不好、不争气。完美主义的爱超出了孩子的能力，同时缺少对孩子的鼓励和肯定，扼杀了孩子积极向上的热情。

完美主义的爱缺少称赞和鼓励，缺少对孩子努力的同情和关注，缺少双向情感的具体交流。如果孩子只有一个空泛生硬的目标，最终也将失去这个目标。因为孩子很难达到父母过高的期望，所以孩子渐渐失去热情和主动精神，变得越来越没有自信。

初期完美主义的爱，孩子开始还会认真对待，但是父母不断地提高要求，就会造成孩子力不从心，逐渐吃力，产生自责，失去自信，自暴自弃，甚至对父母产生愤怒。在压力之下，孩子喘不过气来，如同父母用双手扼住孩子的脖子。为了逃避现实和压力，孩子就会撒谎，并且为了圆上谎言，就会不断地制造骗局，以达到自己的目的。

5. 附加条件的爱

附加条件的爱是这样的语法结构：你做得好，我才会爱；你值得，我才会爱；如果你怎样，我才会怎样。这样的爱，不是直接的表达，没有爱的质感，往往造成了爱的阻隔。爱不是枯燥的指令和条件，爱应当互动和交流，是一种感受能力和表达能力的培养。

有个试验，演示在孩子摔倒以后，母亲不同的语言使孩子所产生的内心反应。

【不好的 A】"坚强点，起来。""一点不严重，没有什么。"这样孩子感受不到母亲的爱，感受不到关怀。

【良好的 B】"疼不疼？"首先查看摔着的部位，表述关切，用拥抱传递感受。"我相信你是坚强的！"传达内在的情感支持。

孩子哭闹，往往是表达爱的饥饿和渴望，希望与父母共情和交流，满足爱的需要。这时父母应当把情感和感受传达给孩子，主动而有意识地表达对孩子的爱，这是对孩子爱的能力的培养。这种良好的感受，会在孩子心中形成美好的画面，孩子感受爱，就会表达爱。

很多父母爱的方式是无意识的，随意性的，甚至是情绪化的。家长按自己的需要去爱孩子，家长用自我的意愿对待孩子，最终的结果往往是害了孩子。家长应当充分体会孩子的感受和需要。爱不能在孩子身上得到验证，爱就失去了意义。

"父母之爱子，则为之计深远"，当今很多父母并未吃透这句古训的内涵，以致陷入了爱的误区，有的过激，有的则偏执或

"计短"。

　　所谓"过激"是指父母们望子成才之心过切。他们虽深知"为之计深远"的重要性，却不论方法，把握不好"度"，造成对孩子的过高标准、过高要求。这样的父母往往不顾孩子的承受能力和兴趣爱好，钢琴、舞蹈、篮球、绘画全要学，英语、数学、物理、化学都要补，这使孩子产生厌学情绪和逆反心理。

　　"计深远"的误区就是"偏执"，突出表现为只要孩子肯学习，其他的事都由家长代劳。洗衣煮饭自不必说，穿衣提鞋也是常事，更有甚者竟替孩子完成学校的清扫任务。这些父母只重视对孩子智力的培养，却忽视德、美、体、劳等其他方面的教育，造成孩子丧失实践技能。如此"成才"的高分低能学生不算少数，"书呆子"们大部分被当今社会的激烈竞争所淘汰。还有一种"偏执"的表现，常常被人们认为是正确的教育方式。他们为子女定好人生目标，甚至儿女交的朋友、报考的学校、将来的职业等等都由他们定夺，孩子成了一部实现目标的机器。也许这样成长的孩子会有成就，但当没有人为他们指定靶心时，他们手中即使握着金箭，也不知射向何方，毕竟他们独立后还有一段很长的路要走。这样的"计深远"其实并不深远。

　　而有些父母，根本不去"计深远"而是"计短"。他们认为"不能苦孩子"，学习苦不要学，运动累不用做。殊不知，父母们只看到了眼前孩子的快乐，却忘记了他们将来的跋涉。这样一叶障目的行为，不知培养出多少颐指气使而又身无所长的青少年，父母的溺爱成了孩子一生痛苦的根源。

二、 家长如何做到情真有"道"

1. 尊重孩子，相信孩子

家长必须尊重孩子。硬要把个人的意志、愿望强加给孩子，会导致孩子产生逆反心理。家长应尽量多和孩子接触，亲子对话的时间多一些，时常聊聊天，增进父母和孩子的交流。

有一个家长在热线电话中向主持人哭诉，说她原本很优秀的女儿突然不愿意上学了，每天就像阶级敌人一样仇视父母。问到原因，这位母亲说她的女儿在今年9月份升初三的时候，从一所区属重点中学转到一所市属重点中学，可能是孩子不适应新环境产生了畏难情绪。经验告诉我们，事情绝不会如此简单，这里面一定有什么隐情。结果，在主持人的再三追问下，这位母亲透露了实情。她女儿起先在一所比较好的区属中学，初一、初二排名都在年级前30名，担任班干部，老师对孩子希望很大，孩子对自己也充满了信心。可是，家长考虑到，自己的孩子比一般的孩子要聪明，应该让孩子到更好的学校里接受挑战，所以决定将孩子转学到市重点学校。但是，孩子坚决反对转校。可悲的是，这位母亲为了达到目的，不惜利用和校长的特殊关系欺骗孩子，说孩子犯了学校的纪律要开除，不转学不行。无奈之下，孩子听从了母亲的话，转学来到现在的中学。"原以为让孩子站在一个更高的起点，孩子会充分发挥自己的聪明才智，却不料，孩子一步步颓废了下去，现在连学都不去上了。作为母亲，我该怎么办呢？"听着这位母亲焦急的求助声，主持人的心里难受得要命，我们做父母的究竟什么时候才能尊重孩子，相信孩子，倾听孩子，而不是把孩子当成家长的私有财产来随便处理啊！

2. 多鼓励，少指责

中国的教育，从学校来讲是"补短"教育，从家长方面来讲，也是抓毛病来教育。因此很多家长喜欢夸别人的孩子，很少夸自己的孩子，而且总是在批评、指责自己的孩子。如果家长总是说孩子不好，不仅容易导致亲子关系恶劣，而且还将使孩子产生错误的认识——"我的确不好！"，从而失去学习和生活的信心。家长要进行扬长教育，注意孩子有哪些方面值得鼓励和表扬，要时常激励，这一点对于孩子很重要。

有一个孩子，他的妈妈和爸爸对他的教育从未取得过一致意见，两口子为了孩子的问题经常吵得不可开交。孩子夹在中间，两头受罪，心灵备受折磨。结果上初三不到一个月就不去上学了，任凭家长和亲朋好友说破嘴皮，他丝毫不为所动，每天在家里除了吃饭睡觉，就是看电视、上网玩游戏，成天无所事事。两口子直到这个时候，才意识到问题的严重性，开始反思这些年给予孩子的教育。可是已经晚了呀！心理老师问这位中学生："孩子，你每天除了吃饭睡觉，就是看电视、玩游戏，我想知道，这是你想要的生活吗？你是不是打算就这样生活下去？"孩子回答的话叫老师大吃一惊，他说："我无所谓了。这些年来，他们两个人，一个拉我的左胳膊让我向东，一个拉着我的右胳膊让我向西，我都替他们累了。我干脆哪里也不去了，免得他们再为我费心！"

记住：人无全才但人人有才，扬长避短，人人成才。学校教育主要教给孩子科学文化知识，家庭教育除了培养孩子的身体素质和品德素质外，要帮助孩子扬长避短，而不是扬短避长。如果你总是孩子哪壶不开提哪壶，孩子迟早会失去自信，甚至失去生活的乐趣。一个成功的家长关键要做到发现孩子的优势并帮助孩子将其发扬光大。当然，不能"吹捧"孩子，要实事求是，要保持"度"，对于孩子的不足也要有清醒认识，要在和风细雨中慢慢帮助孩子健康、全面地成长。

3. 合理奖惩

如果孩子看不到自己的错误行为所造成的后果，那么他就很可能吸取不到教训。做父母的该出手时就出手，但是要注意三个问题，一是切忌秋后算账，尤其是算总账。二是不要把惩罚和打骂画等号。对孩子不良行为的惩罚更多的应该是使孩子丧失利益，严重时应暂时剥夺权利。三是坚持你的立场不动摇，无论孩子以什么样的方式向你取闹，你决定了的惩罚一定要贯彻到底。否则，你一旦有了第一次动摇，那么，孩子的不良行为不但得不到矫治，还反而会强化，甚至会助长更多的不良行为的出现。

人的良好行为期待奖赏，就如同我们成年人，如果不发工资，谁也不愿意上班。对良好行为不奖赏，孩子就缺少良好行为的动机。但是，奖励孩子切忌局限在物质上；相反，物质的奖励不当或过多容易导致孩子物欲膨胀，家长应该重视精神奖赏。比如，给孩子一个微笑、一个拥抱、一声祝贺。

4. 给孩子正确的爱

很多家长面对孩子出现的这样那样的问题感到焦虑、困惑，都迫切需要从专家或老师那里得到好的教育方法，希望回家让孩子一试就灵。但是，他们不知道真正有效的方法就在父母自己的手心里！我们相信，世界上没有不可救药的孩子，甚至可以说，世上没有坏孩子，关键是如何正确认识孩子，给孩子正确的爱。

当然，一说到给孩子的爱，家长就感到特别冤枉：我们每天关心他吃、关心他喝、关心他学习；给了孩子那么多爱，可是孩子就是不理解父母的苦心啊！可是，家长为什么一定要给孩子一颗苦心呢？用一颗苦心真的能感化孩子吗？孩子面对"一颗苦心"能产生愉悦的情绪体验吗？

事实证明，所有不被家长理解的孩子、被冤枉的孩子、生活在溺爱或者专制下的孩子、家长因为忙碌而无暇关爱的孩子，不仅不可能理解父母，而且可能恨父母。孩子恨父母的结果，就是设法让自己变坏以此来惩罚父母。比如早恋出了问题的孩子，上网成瘾的孩子，那不是孩子的错是父母的错，是父母扭曲的爱扭曲了孩子。

一位初二女孩子在给孔老师的电子邮件中说："我是在父母无休无止的吵闹中长大的，对家充满了恐惧。随着年龄的增长，我越来越渴望得到别人的关心、爱护，于是我恋爱了。我们是在网吧里认识的，他比我还惨：父母离婚了，谁都不愿意要他，他只能和年迈的奶奶一起生活。初二的时候他就辍学了，奶奶养着他。

我们之所以走到一起，可能是同病相怜吧！他感情特别脆弱，常常在我面前掉眼泪。他还特别敏感，常常怀疑我是不是真心对他好，无论我怎样发誓，他都不相信。为了让他宽心，我主动和他发生了性关系，后来还怀了他的孩子⋯⋯"

这个女孩儿的遭遇，让孔老师备感伤心。父母只有给孩子合理的爱，才能教会孩子如何去爱——爱自己和爱别人。这个故事提请诸位父母注意：

（1）不要过分地关心孩子。这样做的结果有两种：一是容易使孩子过度地以自我为中心，认为人人都应该尊重他，结果成为妄自尊大的人；二是容易使孩子产生无能感。

（2）不要贿赂孩子，尤其是在学习上。要让孩子从小知道权利与义务的关系，不尽义务不能享受权利。

（3）不要太亲近孩子。应该鼓励孩子与同龄人一起生活、学习、游戏，这样才能使孩子学会与人相处的方法。有一位妈妈，儿子都9岁了还没有跟孩子分床，说自己不舍得，可是你的不舍得一旦造成孩子错误的性别观念，那孩子的问题就大了。

（4）不要勉强孩子做一些不能胜任的事情。孩子的自信心多半是由做事成功而来的，强迫孩子做力所不能及的事情，只会挫伤孩子学习的积极性，打击他们的自信心。如果确定是孩子有兴趣却无毅力完成的事，也应以引导和劝说而不能以冷言、惩罚和暴力来迫使孩子去做。

（5）不要对孩子太严厉、苛求，甚至打骂。这样会使孩子养成自卑、胆怯、逃避等心理，或者导致孩子做出反抗、残暴、说谎、离家出走等异常行为。

(6) 不要欺骗和恐吓孩子。吓唬孩子会丧失父母在孩子心目中的权威性，以后父母的一切告诫，孩子就很难服从了。

(7) 不要在孩子的朋友面前当众批评或者嘲笑孩子。这会造成孩子怀恨和害羞的心理，大大损害孩子的自尊心。

(8) 不要过分夸奖孩子。孩子做事取得了成绩，略表赞许即可，过分夸奖会使孩子形成追求虚荣的不良心理。

(9) 不要对孩子喜怒无常。这样会使孩子敏感多疑，情绪不稳，胆小畏缩。

(10) 不要具体插手孩子的每件事务。父母要帮助孩子解决困难，但不能代替他们解决困难，应教会孩子分析问题、解决问题的方法。

三、 亲子交流中常用的几种肢体语言

人们之间的交流沟通一般是通过三种途径来实现的，这三种途径就是声音、语言和肢体动作（通常被称做"肢体语言"）。美国加州大学洛杉矶分校的阿尔伯特·梅拉宾博士研究表明：55%的沟通是通过肢体动作进行的，38%是用声音完成的，而单纯的语言表达仅仅占了7%。

其实所谓的肢体语言就是用身体的各种动作来代替语言，以达到沟通目的。例如鼓掌表示兴奋，跺脚代表生气，搓手表示焦虑，垂头代表沮丧，摊手表示无奈，捶胸代表痛苦等等都是肢体语言。人们可以使用肢体活动表达情绪，别人由此也可以辨识出用其肢体所表达的心境。肢体语言也有积极和消极之分，像跺脚、

垂头、搓手、食指指人，传递给别人的就是消极的情绪，而拥抱、抚摸、牵手、鼓掌则能让人感到温馨。

孩子们往往对父母的肢体语言理解得最到位。他们能从你的"扑哧"一笑中读出你对他的不屑一顾，就像是你在说："哼，就凭你！"他们能从你的"哈哈"大笑中读出你对他们意见的蔑视与否认，而丝毫不会顾忌这是他们经过深思熟虑才作出的计划，就像你在说："太幼稚了！这怎么行得通呢？"可是在现实中爸爸妈妈们却是夸大了仅占 7％的语言表达沟通的作用，而且还乐此不疲地"唠叨"个没完，尽管孩子已经视它为家庭暴力了。家长们就是使用肢体语言大半也是消极的、负面的。过度发达的食指替代了孩子喜欢的大拇指，这就是现在很多家长们经常使用的肢体语言。

既然肢体语言如此重要，正在深受与孩子之间沟通交流痛苦困扰的爸爸妈妈们就不得不注意了。下面就是几种最常见的肢体语言：

1. 拥抱

美国著名心理学家赫洛德·傅斯博士研究发现，拥抱可以让人更年轻、更有活力，它还能让人们之间的关系更加亲密。经常与父母拥抱的孩子心理素质明显高于与父母关系紧张的孩子。当你张开双臂拥抱孩子时，他在你的臂弯里感受到的是爸爸妈妈的体温。这给孩子带来了极大的安全感，让他们感到自己无论做什么，都有父母作为坚强的后盾。这样的孩子胆子更大，遇到挫折时也不会感到孤独，而是变得更坚强。

其实拥抱是一种无言的力量，拥抱孩子可以让他们在身心放松的同时，感受到父母用肢体传递给他们的力量，就像是你在对他说："宝贝儿，你一定能行！"在孩子受到压力时，这种潜藏在内心的力量就会推动他们尽快地把压力给释放掉，轻装上阵，从容应对。聪明的家长应该考虑一下尽量多地使用这种既廉价又效果显著的交流沟通方式。

2. 抚摸

有一位苏联教育家曾经说过："深情地爱抚孩子，会让孩子心理安定，精神放松。"抚摸是孩子的一种心理情感需要，也是他们感受父母爱抚的一种语言方式。父母可以通过抚摸孩子的手、脚、身体、头等部位向孩子无声地传达信息。

摸摸脑袋，孩子就能感受到对他的赞赏和鼓励。当孩子向你展示他的优异成绩时，你可以快速地摸一下他的脑袋，说："行呀，你小子！"这要比干巴巴说一句"做得真不错，继续努力呀！"要让孩子兴奋得多。当孩子情绪低落的时候，摸摸孩子的脑袋能让他体会到你的安慰。自己的情感获得了关注，孩子心里会觉得比较舒坦。这要比苦口婆心的劝说有效得多。爸爸妈妈们要记住不管是哪个年龄段的孩子，都喜欢被父母抚摸脑袋。轻轻抚摸孩子的头发，表示对孩子的无限爱意。父母帮助孩子梳理头发，并自然地抚摸一下，孩子会体会到父母传递过来的爱意，觉得非常的愉悦。对于处在困难中的孩子，父母可以用这种方式来表示自己的爱，并鼓励孩子战胜困难。

拍拍肩膀表示父母放下架子，与孩子做朋友的姿态。不要小看这拍肩，它能迅速拉近亲子之间的距离。当孩子做了让父母感到高兴的事情，或者孩子正为自己所作所为而得意的时候，父母不妨拍拍孩子的肩膀，孩子一下子就会领会父母的意思，感激父母的鼓励和赞赏。如果孩子在伤心的时候，父母轻轻地走过去，拍拍他的肩膀，把他搂在怀里，这样往往能够给孩子很大的精神鼓舞。此时的拍肩往往可以起到"此时无声胜有声"的效果。

3. 微笑

笑是一种最为常见的心情表达方式。它会给人一种亲切、友好的感觉，对人微笑会让人感到善意、理解和支持。美国密歇根大学心理教授詹姆士对微笑的注解是：面带微笑的人，通常对处理事务、教导孩子或销售行为，都显得更有效率。笑容比皱眉头所传达的讯息要多得多。

生活中的微笑太多了，然而最特殊的还应该是母亲的微笑，这是任何笑容都无法比拟的，它包含了母亲对孩子纯洁无私的爱：受伤时，微笑会给孩子无限的关怀，抹去他们的伤痛；脆弱时，它又能给孩子信念，使他们坚强，信心百倍地面对挫折；成功时，它可以作为褒奖，给孩子以鼓励；犯错时，它可以作为宽容，让孩子自省。

爸爸妈妈们，既然微笑作为一种表示理解、鼓励、欣赏、友善的姿态为人们所接受，就让我们收起板着的面孔，慷慨地微笑吧！请记住，孩子需要你们的微笑，就像我们需要阳光、空气和水一样！

一个眼神、一个微笑、一个亲吻，摸一下小脸、擦一下眼泪、拍一下肩膀、打一下小屁股……就能消除亲子矛盾，和谐亲子关系，起到事半功倍的亲子沟通效果，爸爸妈妈们又何乐而不为呢？

 **经验共享**

走出爱的误区，学会正确地关爱孩子

一位母亲的手记

我们爱孩子，但走入了爱的误区。爱是一把双刃剑，可以给孩子带来幸福，也可能给孩子造成悲哀。爱的不到位甚至错位将会带来许许多多的不良后果。父母爱孩子的出发点不同，孩子对父母的意见也不同。有的家长对孩子的期望值很高，把自己的意愿强加给孩子，认为只要孩子读书好，成绩优秀，就万事大吉。其他的日常生活父母安排得妥妥当当，为的是不让孩子分心，父母的出发点是好的。但这样的孩子一旦走上社会道路，就会感到前所未有的压力，当他们突然发现自己的工作能力和生活能力不如别人时，就会责备自己的父母当初的包办代替，而且这样的孩子缺乏责任感和感恩心，遇到困境不会积极地想办法，而是指责抱怨。所以说仅仅重视智商忽略情商的教育对孩子将来立足于社会是不够的，未来的人才不仅要有高智商更要有高情商。有的父母对孩子过分溺爱，把孩子视为家中的小皇帝，孩子提出的要求父母只要能达到的一味满足。百般呵护迁就下，孩子变得目中无人，骄纵任性，从不考虑别人的感受。殊不知，一个人的

能力是要从小培养的，过分的溺爱使得孩子只知道索取不懂得付出。等到成年后，走入社会是找不到父爱母爱般的疼爱的，自私自利的个性会让他处处碰壁，他会成为一个不受欢迎的人。还有的父母把孩子当成私有财产，孩子的一生都掌握在父母手里，我的孩子想怎样就怎样，也不管孩子愿意不愿意，强迫孩子无条件地服从自己，让孩子按自己的期望来生活。孩子一旦有了自己的愿望和想法，父母就认为自己的权威受到了挑战，动不动就打骂训斥，使得孩子内心缺乏安全感，感受不到家庭的温暖，孩子的性格要么变得暴躁无礼，要么胆小懦弱，造成了不是在沉默中爆发就是在沉默中死亡的不良后果。于是，出现了痛恨父母的，讨厌父母的，咒骂父母的，甚至还有杀死父母的孩子。因此，孩子的成长环境很重要，什么样的家庭就会培养出什么样的孩子，那么我们做父母的是不是也应该仔细想一想，我们给予孩子的爱是不是孩子想要的？我们的教育方法是否科学合理？我们有没有勇气为了改变孩子的成长环境而首先改变我们自己？

如今的孩子大都生活在物质优越、信息爆炸的时代，在锦衣玉食的呵护下根本不会有危机感，仅靠凭亲情凭感觉教育现在的孩子已经不合时宜了。不当的教育方法使得我们的孩子缺点颇多，孩子出于爱父母而无法抗争，只能默默地接受，结果造成心灵的创伤和扭曲，当爱变为恨时，悲剧就发生了。因此，我们爱孩子也是要有方法的，有技巧的，增一分则多，溺爱害人，减一分则少，缺少温情。父母对孩子的爱必须是智慧的而不是愚昧的。智慧的爱使孩子优秀，茁壮成长；愚昧的爱只会毁了孩子，父母自己也后悔一生。如果孩子因为你的爱健康快乐地成长，那你的教育方法就是成功的，如果孩子因为你的爱痛苦萎缩了，那你的教育方法就是失败的，赶快改变观念，改进方法，弥补缺失，学会正确地关爱孩子吧。

留给孩子一块属于自己的"领地"

社会物质生活条件的改善，使如今的许多孩子有了自己的居室。但是，孩子的心理空间是否因为物质空间的扩大而"水涨船高"了呢？

一位中学生不无忧伤地说："同物质条件的优越相比，我们期待的心理空间却显得十分狭小。除了读书，我们几乎失去了所有的娱乐，我们不能有自己的秘密，不能选择未来……"

当我们力图探寻孩子的内心世界时，我们会发现他们的内心世界有一块只属于他们自己的私密领地，他们有自己的想法。

青少年时期的孩子对成人的闭锁性，对同龄伙伴的亲近与开放性，以及开始出现的对异性的朦胧向往，具有典型的年龄特征。这些在躯体上已基本发育成熟的"小大人"，更是觉得自己已经长大，渴望摆脱父母的约束与羁绊。

所以，现代父母千万不要轻易"侵犯"孩子的心理空间，要学会尊重孩子，要留给孩子一块属于自己的"领地"。

对待孩子既不特殊，也不忽视

尊重和培育孩子的独立性，对我们现代父母来说有一个更新观念的问题。我们习惯于保护孩子，生怕他饿了、冻了、病了、累了、受欺负了等等，尽量事事代理，却没有想到这种"好心"埋藏着剥夺孩子自主生存、发展权利的祸根。我们总以为孩子长大了自然会独立的，却没有想到人生中独立性的发展有一定的关键期，抓住关键期容易培育，终生受益，如果耽误时间想要再重新培养很困难，甚至贻害终生。

实践证明，家庭教育的最佳方式是理解孩子，把他们当做家庭普通一员对待，既不特殊，也不忽视。尽可能满足他们的合理要求，让他们自己去干，使他们的想象、创新、动手能力得到充分的发挥。即使一时做错了，也不要横加指责，而应晓之以理，使其懂得什么是正确、能做的，什么是错误、不能做的。让孩子自己去选择，孩子的选择体现了孩子自己的爱好与内心的需要，是孩子用自己的思维支配自己的行为，这不仅可以培养孩子的独立性和创造性，还可以有效培养现在孩子普遍缺少的"自强不息，战胜困难"的精神。

 自我检测

通过下面的测试，看看您是不是合格的家长

请您在 1 分钟内回答完以下问题，符合的请在括号内画"√"，不符合的画"×"。

1. 曾当众批评孩子。 （　　）

2. 很少表扬孩子。 （　　）

3. 常以学习成绩好的孩子为例来批评自己的孩子。 （　　）

4. 经常用自己年轻时的经历教育孩子。 （　）

5. 总对孩子说自己的付出全是为了他（她）。 （　）

6. 把教育孩子的希望寄托在学校和家教上。 （　）

7. 常依自己的标准给孩子定目标。 （　）

8. 把物质刺激当成激励孩子的重要方法。 （　）

9. 对孩子的困惑不闻不问或不感兴趣。 （　）

10. 对孩子的事什么都想知道。 （　）

11. 不愿鼓励孩子或不会鼓励孩子。 （　）

12. 经常斥责孩子的缺点。 （　）

13. 在教育孩子方面夫妻意见常常不统一。 （　）

14. 常在孩子面前吵架。 （　）

15. 没有明确的生活目标。 （　）

16. 你的情绪跟着孩子的分数走。 （　）

17. 认为满足了孩子的物质需求，孩子就应该努力学习。 （　）

18. 认为孩子能听懂你讲的道理，却故意不去做。 （　）

19. 不认为自己的行为对孩子有决定性影响。 （　）

20. 孩子学习成绩与自己文化水平有必然联系。 （　）

21. 为孩子做所有的事情，认为这是处处关心孩子。 （　）

22. 相信各种速成班。 （　）

23. 认为孩子学习必须有人看着是正常的。 （　）

24. 教孩子要诚实，自己却在他人面前说谎。 （　）

25. 认为一味地表扬孩子会导致孩子骄傲。 （　）

26. 限制孩子玩，自己却经常出去玩。 （　）

27. 当孩子不听话时常打骂孩子。　　　　　　（　　）

28. 常在孩子面前评说别人长短。　　　　　　（　　）

29. 认为孩子的缺点必须用批评才能改正。　　（　　）

30. 常说："你怎么这么笨?"　　　　　　　　（　　）

31. 常在生气时斥责孩子："你啥也不是!"　　（　　）

32. 你认为学习是痛苦的。　　　　　　　　　（　　）

33. 常说："只要你好好学习，啥条件都答应你。"（　　）

34. 认为孩子学习的好坏取决于他的聪明程度。（　　）

35. 认为孩子将来的命运是掌握在他自己手里的。（　　）

36. 认为人的性格是不可改变的。　　　　　　（　　）

37. 认为成年人是不可改变的。　　　　　　　（　　）

38. 当孩子说一件得意事时，你却警告他别骄傲。（　　）

39. 认为自己该做的事都做了，好坏全在孩子了。（　　）

40. 认为孩子在学习上一点不着急，自己却急得团团转。（　　）

每一个"√"得 1 分，您得了多少分？知道吗？得分越高您的问题越严重，您得改变自己的教育方式，不然，您会害了孩子！

◎孩子，如果你关心自己的父母，体谅自己的父母，那么你会知道：

1. 爸爸、妈妈的生日是哪一天。

2. 爸爸、妈妈的结婚纪念日是哪一天。

3. 爸爸、妈妈最喜欢吃的食品是什么。

4. 爸爸、妈妈最喜欢的颜色是什么。

5. 爸爸、妈妈最喜欢穿什么式样的衣服。

6. 爸爸、妈妈最好的朋友是谁。

7. 爸爸、妈妈的工作性质是怎样的。

8. 爸爸、妈妈在工作上取得了哪些成就。

9. 爸爸、妈妈有什么爱好特长。

10. 爸爸、妈妈穿几号鞋。

11. 爸爸、妈妈生病时谁来照顾。

12. 爸爸、妈妈最难过的一件事是什么。

....

第二章 有话好好说——
加强亲子之间的有效沟通

　　一进入初三，我最害怕的就是回家见父母。只要一回家，父母就忙开了，做很多好吃的，还不停唠叨近几年我们学校的中考成绩，这让我很苦恼。在学校太累，同学之间也经常谈论这样的话题，搞得整个班级，不，是整个学校，都紧张兮兮的。我本来是想回家清静清静，可回家也好不到哪儿去，爸妈总是念叨"去年谁家的某某考上了重点高中，你能像他一样就好了""什么事都不要你做，你只要好好复习就行了……"这不，昨天回家，妈妈说想和我沟通沟通。可是，这是什么沟通啊？妈妈又千篇一律地跟我说什么初三是最关键的一年，马虎不得，一定要把分分秒秒都利用起来，不能贪玩，不能放松，一松劲就一退千里。唉，妈妈唠叨起来像机关枪似的，嗒嗒嗒，我连插嘴的机会都没有。当时我就来气了："我回家是想休息一下的，不是来接受你们的唠叨的，你们要是再唠叨，以后我就不回来了！"我一摔门，进了自己的卧室。

　　我当然也知道爸妈是对我好，关心我的学习，希望我能上个好高中，也给他们争争脸。可是，我多么希望父母也能理解我在学校的累，不要弄得家里的气氛也那么紧张！

　　你说找个清静的地方咋就这么难呢？

 内心独白

　　初三是多么重要的一年啊，孩子即将中考，这让我们做家长的很是担心，生怕孩子考不好，将来没有个好前程。我们不顾工作上的忙碌，每天下班回家，不管多累，都是先给孩子做好饭，等着她回来吃，家里的事情一点也没让她忙活。晚上，她做功课，我们也帮不上忙，只能在一旁看着她复习，顺便问问最近考试的情况。孩子虽然看起来不是很乐意，但都还能跟我们说说。

可是，孩子上初三以来，不大跟我们交流了，问她什么，要么支支吾吾，要么就干脆不吱声。就在昨天，我是那么想和她沟通，想通过沟通让她明白初三的重要性，可孩子竟然朝我们发脾气，说我们就知道给她压力，不给她休息的时间，给她制造紧张的气氛。你说哪个家长不希望自己的孩子有出息？这孩子咋就不让人说了呢！

 教育故事

通过电话求助咨询师，我明白了个中缘由。孩子长大了，她明白初三很关键，也能感受到父母的关心，不需要我们做家长的整天唠叨她的学习。相反，我们应该从另一方面跟她沟通，缓解她在学校感受到的压力，这样才能有更好的精力投入到学习中去。好在女儿个性开朗，善解人意，我也能及时地调整自己，经过一段时间的努力，我们母女的沟通——就像现在一句时髦话——越来越和谐！和女儿一次次地交流，让我充分体会到女儿那种积极向上的心态，女儿对问题的独到见解，对班上同学的大度和宽容，都让我很感动，也值得我好好学习。女儿告诉我，她这段时间，总是在放学后情不自禁地唱出《世上只有妈妈好》这首歌，女儿说虽显幼稚，但的确能反映出她这段时间的状态不错。

听女儿这样说，我可是高兴得不得了，这也算是对我们良好的沟通方式的一种鼓励吧！

上周末在家，女儿做会儿作业后，就来客厅踢会儿毽子，既锻炼身体又能缓解长时间做作业带来的暂时疲劳。

女儿的动作略显笨拙，毽子也不听她使唤，好在女儿信心不减。我想，这是亲近孩子的一个好机会，于是，我提议和女儿对踢。女儿很开心地答应了。几个回合下来，她接不到我踢过去的毽子，我也接不到她踢过来的。她笑我笨，我笑她姿势不对（女儿习惯用左脚）。说说笑笑中，大半个小时过去了，调皮可爱的女儿故意像淤泥一样，非常放松地瘫在地板上，我们俩忍不住哈哈大笑。笑过之后，女儿又重新按我建议的方法踢，效果还不错。

之后，我和女儿分析了毽子为什么在传递的过程中，一会儿飞那边，一会儿又飞得很高，总不着边。最后和女儿得出一致结论，先把毽子稳在自己的脚下，然后在此基础上踢送到对方那边，一步一步来，先学会放松自己，再稳住毽子。然后和女儿用补差的方式来单踢，虽然单踢的个数一次不是很多，但慢慢地在增加。看到这种情况，我忍不住说起来：这不是你正想看到的结果吗?

凡事慢慢来，就像踢毽子一样，只要不断地摸索方法，适当放松自己，就会越来越好！

女儿笑我又拿毽子说事，从女儿的笑声中，我体会到和女儿的沟通偶尔改变一下方式效果会更好。虽然从书上看到过很多沟通经验，但有时断章取义地用到自己家来，就好像不是那么畅通，"因人而异，因材施教"才是正确的啊。

昨天又和女儿对踢，情况明显好转，可有时候女儿为了踢得更好，就很认真地拿着毽子，用力踢，可毽子偏偏不着她的脚边。看到这种情况，我忽然想起一篇文章——《从"穿针引线"说开去》，说的是由于做事过度用力和意念过于集中，反而将平素可以轻松完成的事情搞糟，心理学称这种现象为"目的颤抖"。我马上"卖"给女儿，女儿也立刻调整自己，踢得很自如，并且一次能踢 8 个，前进 1 个，女儿很满足，我也不失时机地向女儿表示祝贺：只要不断前进就行。

以前家庭气氛紧张，不知道怎么帮孩子，而现在别样的沟通交流让我们的生活融洽得多了，学习上的事，孩子也愿意跟我们交流了。孩子越来越开心，我们也越来越放心。

 专家课堂

一、 亲子之间有效沟通的重要性

1. 沟通是孩子实现独立意识的需要

孩子从出生起就是一个独立的个体，有着自己独立的意识和

个性，他们内心要求实现自己独立的意愿非常强烈，希望能得到他人的理解和帮助。此时，父母只有通过沟通才能了解孩子的真实意图，才能对孩子的行为和方法加以正确的引导。

2. 有效沟通可以消除孩子的心理障碍

孩子在成长的过程中，一方面亲历外部环境的变化，另一方面生理和心理也在极快地发育。在这个化蛹为蝶的过程中，心里的波动、情绪的起伏都是十分正常的。但是，如果这种起伏不能得到及时的疏导，则会形成对孩子成长不利的心理障碍。亲子间的有效沟通在这个时候就显得十分必要，父母在沟通中可以注意孩子的心理状况，当发现孩子心理、情绪变化幅度很大时，则可以通过了解孩子的心态来帮助他们进行调整，扫除心理障碍，使之健康成长。

3. 有效沟通可以引发孩子的学习热情

孩子成长的过程也是一个求知的过程，在求知过程中学习则是必不可少的重要环节。然而，许多孩子学得并不轻松，学习成了他们的苦役和无法摆脱的噩梦。在一个有效的亲子沟通过程中，父母可以培养孩子的学习兴趣，激发孩子的学习热情，帮助他们找回学习的乐趣并享受乐趣，让孩子在自觉自愿、轻松快乐的氛围中成长。

4. 有效沟通可以诱发孩子的创造潜能

世界充满机会，同样充满竞争，要让孩子以后在强手如林的阵地中脱颖而出，就要激发他们的创新能力。孩子在成长的过程中，经常会出现超常规的想法和"离谱"的举动，甚至还有些破坏性行为，也许很多父母无法理解。这个时候父母可以与孩子进行有效的沟通，善待孩子这些"离谱"行为，在沟通中了解孩子的真实意图，鼓励孩子大胆地去做、大胆地去思考，合理帮助引导孩子，从而让孩子的创造潜能得到充分的发挥。

5. 有效沟通可以培养孩子的良好品德

"没有规矩，不成方圆"，一个人立足社会，即使有出众的学识、超人的智慧，但没有优良的品质，就如一匹脱缰的野马，漫无边际地奔跑，最后消失得无影无踪。在与孩子的有效沟通中，父母可以及时纠正孩子偏离道德的行为，让孩子学会按道德标准进行思考和行事，让其不偏离社会道德的轨道，成为一个诚实善良、朴实自律的人，成为一个富有爱心、同情心、宽容心的人。

二、 亲子之间无法沟通的原因

1. 家长常有"理"

青春期的孩子不愿意和家长沟通，甚至对家长的沟通相当排斥，一般错不在孩子而在家长，因为孩子在成长中获得了经验，孩子本来是带着问题向家长寻求答案的，却往往遭到一通说教甚至是一顿训斥，孩子成了自讨没趣或者自取其辱，孩子与家长也就越来越没有了沟通的欲望。

2. 家长说得过多

不知道家长注意过没有，在一个家庭里，谁的话最多，谁最没有教育效力，孩子往往对家长的话充耳不闻。家长总是抱怨孩子不愿意和家长沟通，却不知道自己说的话太多，是自己把孩子的嘴堵住了。

3. 夫妻关系紧张导致亲子之间的沟通障碍

其一是夫妻意见不同。夫妻两个人对孩子的教育意见不同，孩子不知道听谁的好，结果，就谁的也不听了。曾经有一对夫妻，丈夫坚持棍棒教育，孩子考试进不了班级前三名就打；妻子坚持人文教育，凡事主张和孩子平心静气地沟通。结果孩子学习越来越差，还和社会上的不良少年在一起。结果，丈夫抱怨妻子把孩子惯坏了，妻子数落丈夫把孩子打出了毛病。而孩子呢？她怕爸爸恨爸爸，从心里瞧不起软弱的妈妈，父女、母女之间的关系都很紧张。

其二是夫妻感情不和。很多家长总是口口声声说为了孩子，可是，究竟有多少家长真正为了孩子而努力经营好自己的婚姻，给孩子提供一个温暖的家庭氛围，和孩子建立友好、和谐、亲密的亲子关系了呢？当然，有家长可能会说，我也不是不想啊，可是我没有办法啊！我也不是不想要一个好的婚姻，可谁让我嫁给了一个四六不通的男人呢，我娶了一个没有一点素质的女人呢！我也不想朝孩子发火，可是我控制不住自己啊！我也想和孩子沟通，可是孩子根本不理我的茬啊！其实，不是你没有办法，不是你无法控制自己，不是你无法和孩子沟通，是你不愿意为了孩子放弃自己固守的观念，不愿意为了孩子去改变自己。

三、 亲子之间不良的沟通方式

1. 指责型

"为什么你总是整天让我操心，难道你不会变得自立一些吗？"

"看看你，整天除了知道玩，就是知道打扮，还和那些差生鬼混在一起，我怎么会生你这样的孩子呀？"

"如果你昨天晚上不看电视，怎么会起不了床？你总是贪玩，根本不知道学习！"

这些都是父母经常对孩子指责、埋怨的话，可是我们根本没有想到，这些话不仅伤害了孩子的自尊心，而且使父母难以在孩子心目中树立自己良好的形象。孩子始终是孩子，在生活中做错了事，正说明孩子在成长，不要因单个的错误来全盘否定孩子。孩子的心灵是善良的，并不会记仇。只要我们做父母的意识到自己的方式不对时，及时换过来，运用有效的方式与孩子交流，孩子依然会愿意与父母沟通。可见指责孩子、辱骂孩子，在父母眼里尽是孩子的错误，父母之间互相指责、埋怨，结果导致孩子也会习惯性地指责他人，不管做啥事都会推卸责任。

2. 迁就型

"好了，我答应你的要求就是了。"

"别埋怨你爸爸了，他不给你买，妈妈给你买。"

"儿子，你喜欢什么牌子的鞋子，妈妈明天给你买去。"

"不就是一件衣服吗？只要你好好读书，再贵我都舍得给你买。"

现在大多数家庭就一个孩子，孩子是家庭中最重要的，甚至是父母唯一的希望。所以家长对孩子的要求无原则地满足，这样使孩子逐渐养成了任性、霸道、以自我为中心的不良品质。家长实在是在害孩子。

3. 管家型

孩子："爸爸，下周我们学校组织去春游，你说我带些啥东西好呢？"

爸爸："行了，爸爸知道了，明天就会给你准备好的。"

孩子："妈妈，老师让我们自己到书店买一本国外名著作为课外阅读，我晚饭后和同学约好了一起去。"

妈妈："你在家好好复习功课，妈妈吃完饭帮你和同学去买，你放心吧！"

很多做父母的处处为孩子着想，不遗余力地为孩子做他自己能做的事。久而久之，孩子失去了主动性、独立性，失去了责任心、爱心。家长实在是"辛辛苦苦"地害孩子！

4. 专制型

孩子："妈妈，我想去小军同学家。"

妈妈："昨天不是刚去了吗？今天不能去！"

孩子："昨天是我自己去玩的，今天是老师布置了一个实验。我想与小军一起做。"

妈妈："不行，你不能总去别人家里，人家父母会很烦的！"

孩子："不会的，他父母不在家，都上班去了。"

妈妈："难道你自己不会做吗？中学生要学会独立思考，不要老是麻烦别人。"

孩子："……"

总的来说，上面这些方式都不利于与孩子沟通。这样使孩子不愿意和父母说真话。如果孩子不愿意和老师、父母说心里话，坦诚相见，那任何管教方式都是没有用的。可见，良好的沟通是一件很重要的事。我们应该换种方式，用孩子喜欢的方式来交流，放下父母的架子，才能走进孩子的心灵。

四、 亲子之间如何做到有效沟通

1. 多以肯定和赏识替代否定和贬低，增强孩子的自信

每个孩子都有自己的长处和优点，哪怕是一点长处家长都要给以明确的肯定，特别是在客人面前适时肯定孩子的长处，会给孩子增长面子。哪怕是一点优点都要抱以赏识的态度，因为优点会在赏识中膨胀而放大。对孩子在学习和生活当中暂时的落后不能过早地否定，因为努力当中不言败，能笑到最后的才是真英雄。更不能因一些小小的失利而贬低孩子的能力，因为孩子生活和学习的路还很长，不能把孩子向上的冲动扼杀在幼嫩的年龄。

2. 多以表扬和鼓励替代批评和斥责，呵护孩子的自尊

在生活和学习当中，孩子哪怕是一点微小的进步，都要及时地给予表扬，家长不妨感谢孩子的进步给自己带来快乐的享受，这样会增加孩子的自重感和责任感，他会更加再接再厉。对生活

和学习中遇到的困难，父母要鼓励孩子勇敢地面对并设法克服，不能逃避，必要时可征求孩子的意见是否需要自己的帮助。孩子犯错误做父母的也有责任，不能把责任都推到孩子身上。

3. 多以支持和引导替代训导和堵塞，培养孩子的自主意识

许多家长往往以年长和经验丰富自居，喜欢按照自己的理想模式来塑造孩子，很少顾及孩子的自我感受。实践证明，这样不但不能达到理想的效果，反而抹杀了孩子的自主意识，阻碍了孩子自主能力的提升，同时会增加家长对孩子的失望感，无形中加深了两代人之间的代沟。因此，不妨用站在孩子背后的支持替代站在孩子面前的训导，对孩子的一些不良行为和意识心平气和地站在孩子的立场分析其危害和后果，使孩子在充分认识的前提下自愿修正和规范自己的行为和意识。在孩子没有充分认识的情况下，强行堵塞只能适得其反。

4. 多以关注和热情替代放任和冷漠，使孩子能够自觉自律

不管自己的孩子是优秀还是顽劣，都要以极大的热情予以关注。放任不等于对孩子的放弃，冷漠只能把孩子推向更远，因为未成年人有着极大的可塑性。孩子如果觉得连自己的父母亲都对自己失去信心，那他自己有可能更加沮丧。这个时候的孩子为了寻求精神上的寄托，很有可能被社会上的一些坏人和坏孩子钻空子，那是非常危险的。实际上优秀的孩子不管在学校、社会，还是在家庭都已受到了足够的关注，而暂时落后的孩子在学校受到的更多是冷漠和批评，在社会上也被人看低，实际上他们才是最

需要关注的孩子。所以，父母必须以极大的热情千方百计地弥补孩子这种精神上的渴望，全方位地寻找孩子身上的闪光点，点燃孩子自信的火种和努力的希望，培养孩子自觉自律的习惯意识。

 **经验共享**

学会和孩子有效沟通 （作者： 郭韶明）

"我在跟父母交流的时候，无话可说，感到非常尴尬，该怎么办？""父母们喜欢拿我与一些成绩好的同学比较，该怎么应对？"近日，在中央文明办、教育部和中国心理学会联合举办的"全国心理专家讲坛"第六站的活动现场，学生们提出了自己在与父母沟通中的困惑。

这场题为"学会和孩子有效沟通"的讲座，由华中师范大学心理学院教授、博士生导师刘华山主讲。

刘华山认为："现代社会普遍遇到的问题就是孩子和家长的沟通问题，特别是中学生，有的时候父母问十句孩子也不答一句，双方都觉得无话可说；另外孩子跟父母说话一说就顶，或者你说东他说西，沟通完全不在一个频道上。"

原因之一就是孩子在少年期正处于"第二次反抗，第二次以自我为中心"的时期。孩子在少年期会出现第二次反抗，不愿处处听从父母的指示，而且比较相信自己推论出来的东西，坚持自己认为的就是对的，通常表现得比较执拗。

第二个原因是时代变迁带来了两代人的差距。现在很多家长不懂得网络、短信、流行歌曲、歌星，孩子想从事的职业也是父母所不熟悉的，因此，与过去相比，父母在孩子当中也没有那么"权威"了。

此外，父母对子女期望过高，总是不信任子女，对子女的过度照顾又使子女能力很差，使得他们很难站在别人的角度考虑问题；同时，父母对子女的过度教育，又常常导致他们的反抗。

但这还远远不是问题的全部。

刘华山说："造成沟通困难的原因还有父母对孩子了解不够，以及他们的沟通技巧不足。"现在父母对子女更多的方式是说教、羞辱、恐吓、盘问，父母说话总是说"别人的孩子如何"，"我当学生的时候如何"，其实做家长的也不是事事能做到拔尖，可他们却对孩子要求很高，这种心态往往容易滋生矛盾。

刘华山认为，与一般的人际沟通不同，亲子之间的沟通除了满足自己的需要，同时是一种服务、一种责任，父母的言语影响到孩子的自尊和自重，也可以决定孩子的命运。所以彼此应该相互接纳，承认对方意见的合理性，并努力减少冲突，以解决问题为中心，而不是毫无目的地发泄情绪。

在刘华山眼里，亲子沟通应遵循以下几条基本原则：

第一，多听少说，倾听为主。有些父母平时很少跟孩子沟通，在少有的沟通里，又没听懂子女传达的信息和感受，总是打断他们，忍不住去指导和说教。这样的沟通其实是单方面的沟通，子女听了以后往往一言不发，因为父母说的并不是他们所想的，对促进成长没有任何作用。"父母和子女的沟通最重要的就是倾听，遇到问题鼓励他们自己想办法，然后再提出自己的建议，这样的好处是子女感到自己受到了尊重，而且相信自己有解决问题的能力，而不是事事都依靠父母。"

第二，回应感受。在沟通当中，子女通常会表达自己的愤怒、失望、恐惧这些负面情绪，父母应该回应子女的感受而不是简单否定。比如，当孩子对父母说"我讨厌我们班上的李老师"，父母通常说"你错了，你怎么可以讨厌老师，老师辛辛苦苦地教你，你这个没有良心的东西"，这样就否定了孩子。父母可以回应说"李老师使你很生气，你能否告诉我今天发生了什么"。因为简单的否认不但不会使父母与孩子相互理解，反而容易引起冲突。

第三，就事论事，不贴标签。当孩子遇到挫折，父母不要追究责任，进行长篇的说理教育，等孩子再做错了什么事，这些累积起来的东西就像是反面教材，翻来覆去地说。孩子其实也会反省，父母可以在孩子自己提出反思的时候，再跟他进行探讨。

第四，多方鼓励，少加苛责。父母应该具有鼓励的意识，不要对孩子过于苛刻，而应该是多发现他们的优点，尤其是对不了解自己优点的孩子，更要给予鼓励和欣赏。真正有效的沟通应该是鼓励自主，引发孩子的自尊。只有这样，孩子才会愿意打开自己的内心。

家长要重视与孩子之间的交流 （作者： 孔屏）

因为放暑假，暂时没有了繁忙的工作，身心相对比较清闲，所以每天孔老师都坚持 3 个小时上网聊天。孔老师固定以"女教师"的名字在"童年""16 岁花季""少男少女"等聊天室，和孩子们聊天，聊天的孩子从幼儿园大班到高中各年龄段。孔老师所问及的问题主要有"你为什么来聊天？""你在遇到问题、困惑甚至苦恼时，第一个想告诉的是谁？""你爸爸妈妈了解你吗？""你爸爸妈妈是否经常和你聊天、交流？""你最大的苦恼是什么？"等等。孔老师的目的是想借助网络这个看不见的介质，充分了解孩子的内心世界。可是，孔老师却在这里发现了孩子存在的许多问题，有的孩子甚至长期被痛苦折磨着，心里充满了恐慌。可悲的是，父母对此却一无所知。

毋庸置疑，没有哪一个时代比今天的父母更关心孩子的成长，但是，他们却不知道该如何去了解孩子，如何与孩子沟通。聊天时，当面对孔老师提出的上述问题，除了小学二年级以下的孩子，他们都回答说，他们最大的苦恼在于父母不能理解他们。父母根本没有时间听他们说话，他们在遇到问题、困惑甚至苦恼时，从来不敢和家长交流，因为父母除了责怪和打骂外，什么问题都解决不了。他们听够了父母千篇一律的话："只要你好好学习，什么都好说。""你真是身在福中不知福！""做父母的都是恨铁不成钢！""你操那些心干吗？学习去！"……孩子们说，就是这些伤害他们自尊的话，渐渐封闭了他们的心灵，使他们越来越远离父母，有心里话也不和父母说。更有甚者，因为家长平时不注意自己的言行，不讲究教育的策略，致使孩子心灵蒙上一层阴影，从而严重影响了孩子的健康成长。

曾经有一个网名叫"悲哀男孩"的孩子向孔老师求助，他说他有一次不经意看到了父母在一起亲热的镜头，从此他总是骚动不安。因为无处发泄，就开始手淫，如今已经有半年的时间了。可是，每次过后，他都惶惶不可终日，他觉得自己的灵魂不仅丑陋而且罪恶。现在，他一方面无法戒除手淫，一方面又无法停止对自己的痛恨和蔑视。他不敢告诉父母，更不敢告诉同学、老师，只好在夜深人静的时候，偷偷到网上来宣泄。

还有一个叫"深谷幽寒"的16岁的高一学生，他在家和女同学发生关系的时候，被爸爸撞见，爸爸对他痛打一顿后，骂他是"不要脸的狗东西"。从此，他深感自卑，越来越寡言寡语，走向自闭，不愿意和别人交往，每天只有爸爸妈妈不在家或睡下后，他才上网，对着那些不知名的陌生人说说心里话……

聊天一个月来，孔老师遇到的类似的孩子不是少数，虽然经过孔老师一番耐心的开导，这些孩子暂时都能放下心中沉重的包袱，表示今后一定要把心思用到学习上。但是，如果父母仍然不注意和孩子沟通，难保孩子不会再一次陷入苦恼的境地，甚至一蹶不振、自暴自弃。

所以，做父母的一定要为孩子负责，真正地爱孩子，就不要让时间挤走爱。每天拿出一点时间，平等地和孩子交流，听听孩子的所见所闻、所思所想，给孩子提一些指导性的意见，而不是仅仅告诉孩子他应该怎么怎么做，只有这样，才能成为孩子最好的交流对象。

给家长、孩子的忠告

★儿女烦家长唠叨怎么办？

请您闭上嘴吧！为什么呢？因为父母唠叨多了，往往适得其反，不解决问题，反而加深父母与儿女之间的代沟。与其不厌其烦地絮叨，不如听听孩子的倾诉。给他们一些成长的空间。毕竟他们已经开始长大。以后的路很长，你包办了他们的今天，不可能包办他们的明天。路是自己走出来的。与孩子平等地坐在一起交流，给孩子一些适当的提醒和关照是必要的，但不应是命令、要求和无休止的絮叨！如果父母与孩子形成对立，那么您的一切教导、教育就不起作用了，是无效劳动，劳而无功，还影响孩子的情绪，恐怕哪一位家长都不愿看到这个结果。

曾有人做过调查，初三学生最烦父母唠叨的占学生总数的80％以上。初三孩子的学习本来就很紧张，父母对他们过多地关注，会给孩子带来更大的心理压力。孩子学习一天已经很累了，回到家父母要少唠叨，多跟孩子交流，或带着他们到院子里跑跑步，或聊聊别的话题。通过轻松的沟通方式帮孩子出主意，想办法，排除杂念，发挥潜能，让孩子心平气和地投入到学习中。

孩子一进入初三，父母们对中考的关注比考生有过之而无不及。考试已不只是考生自己的事了，也是父母的事，因此父母要用正确的态度面对中考。父母应保持正常的期望心态，接受孩子的现实状况、现有能力，从而进行合理施教。父母可以对孩子说：

"升学考试，其实就是一场考试，绝非一场考试定终生，只要积极准备，认真复习，然后在考试中发挥出应有的水平，做好自己会做的题，就足够了。只要你努力了，无论是什么样的结果，我们都会满意的。"父母的理解与支持，会让孩子感动，他们有任何方面的问题，才会主动和父母交谈。而父母也应主动和孩子交换对学习、生活的看法，鼓励他们说出自己的想法和疑虑，分享他们的快乐，也分担他们的烦忧。

总之，孩子的压力已经够大的了，不要让孩子承受过大的压力。现在的孩子对压力的承受力是有限的，对个人前途、命运考虑很少，还不大懂得社会未来的竞争是多么残酷。这些东西靠父母的唠叨，他们是不可能明白的。自己不切身体验，他们是不会深刻理解的。经历人生的历练是每个孩子必须经历的，别人是无法代替的！

★ 如何面对父母的唠叨？

中国的父母恐怕是世界上最辛苦的人！上敬父母，下为儿女，唯独不为自己。可以说他们是最可敬的人！唠叨儿女是他们爱之心切的表现，孩子们，请扪心想想，他们哪一位不是好吃的、好喝的优先你们？为你们的学习成长，他们不惜一切代价；为你们吃苦受累，他们心甘情愿。可怜天下父母心，请你们理解一下父母吧！他们望子成龙的心情没有错啊！请大家齐声高呼一声：理解万岁！

孩子们，请你们记住：靠天，靠地，不如靠自己。家有万贯，不如有一技之长。你今天的努力是为自己走入社会积累知识资本，你们的努力与父母的期望是一致的。有话和父母交流，也可以劝父母停止唠叨，坐下来交交心，要尊重父母，互相理解，心平气和地平等交流。让父母可以为你少操心，父母就很知足了，和睦的家庭，是保证提高学习质量的重要因素！

 自我检测

模拟场景中练习沟通

您在和孩子沟通、交流的时候，是否时常会感到"牛头不对马嘴"？原本是关心孩子，可是他却不领情；想说点知心话，却发现孩子心不在焉……其实，孩子在与家长沟通时是有选择性的，如果您无法开启他的心扉，自然也就无法正确地与他进行交流，好话未必能起到好作用。

关心话语：简练说

场景与假设：

1. 您送孩子去上学，出门前，边给他整理衣服边叮嘱他："路上骑车要小心，过马路看着点车，放学别到处乱窜，早点回家……"可您的孩子却头也不抬："真烦人，我又不是小孩子！"

2. 您去学校接女儿回家，一路上，边给她擦汗边关切地问："乖女儿，在学校过得怎么样？老师有没有批评你？老师布置的作业多吗？"结果，女儿给您的回答却是："妈妈，我的耳朵都要起茧了！"

事实与结果：

在这样的交流与沟通中，您越来越无法理解孩子：这孩子怎么越来越讨厌我？其实，每个孩子都渴望得到家长的关心和爱抚，但"小大人"意识又使他常表现出不愿接受的样子，尤其不喜欢家长"穷追猛打"式的提问和喋喋不休的说教。

应该这样做

有位聪明的妈妈曾在儿子上学前故意问："路上应该注意什么？"儿子快乐而骄傲地回答："注意安全！"由此可见，对于关心的话，家长干脆、简练的嘱咐会更加有效。

知心话语：含情说

场景与假设：

1. 您忙了一天了，回到家还要拖着疲乏的身体做饭，可偏偏15岁的女儿有道数学题不会做，过来找您帮忙。您一看，气不打一处来："这么简单的问题都不会，你上课干什么去了？"女儿灰溜溜地回房间了，连吃饭的时候都没有出来。

2. 您发现儿子这两天心情不好，整天闷闷不乐，于是您让先生去和他说说知心话，沟通一下，可是14岁的儿子不屑地说："不就想打探点隐私吗？对不起，无可奉告！"您和先生面面相觑。

事实与结果：

家长想和孩子说说知心话，结果却发现和孩子的距离越来越远。这是怎么回事呢？其实，这并不奇怪，孩子在成长中需要和您沟通的时候，您没有重视沟通对孩子的重要性，您把孩子的问题忽略了，甚至按照自己的设想随意地下结论，结果孩子发现他和您的沟通是无用的。所以，等孩子长大了，您想和孩子沟通的时候，孩子自然紧闭心扉，拒绝交流。

应该这样做

家长若想与孩子交心，首先要尊重孩子。劝导孩子，也应注意方式、方法，比如："爸爸正在忙着做饭，你先思考一会儿，说不定你一会儿就想出解题方法了。"就这样，两代人或隔代人的交流在不知不觉中完成了，知心话才能为孩子所接受、理解。

开心话语：带理说

场景与假设：

1. 您今天升职了，心情愉快，想把这份快乐与女儿一起分享："然然，爸爸厉害吧，如果你以后也像爸爸这么厉害，我和妈妈就满意了！"没想到，孩子不以为然："有什么了不起的？"您笑到一半，却发现女儿轻蔑的表情，很不开心。

2. 女儿今天帮您洗碗了，您很开心，于是递给她一个苹果："来，这是妈妈奖励给你的！"可您发现，女儿的眼神里似乎有些期待，可您不知道她需要的不是苹果，而是一句奖励或者鼓励的话。

事实与结果：

家长觉得越来越弄不懂孩子，往往自己很快乐的时候，因为一句话或者一件小事"得罪"了孩子，让孩子变得不开心，再或者，您明明是想让孩子开心点，却弄巧成拙，反倒让他闹起了情绪。开心话能消除孩子心里的不痛快，而一家人分享开心更能增添家庭的凝聚力，不过，如何让开心话有趣而又意味深长却并非易事。

应该这样做

有位父亲看书时太困，睡着了，连眼镜都没来得及摘。醒来后，女儿问他，为什么睡觉时还戴眼镜，这位父亲灵机一动，诙谐地说："爸爸做梦也在看书，不戴眼镜看不清字呀！"而有位妈妈在儿子考试考砸后，一边讲笑话开导他，一边告诉他"失败是成功之母"的道理。寓理于趣的回答，使孩子潜移默化地接受了有益的教育。

忧心话语：变通说

场景与假设：

1. 孩子的成绩直线下滑，老师已经找您谈过很多次话了，作为孩子的母亲，您感到特别忧心，于是您对孩子说："你不能再这样下去了，我的脸都让你给丢尽了。"可儿子的成绩却下滑得更厉害了。

2. 儿子的同学来找儿子玩，看到家里的数码相机就想玩，儿子没有同意，一旁的妈妈说："你可真自私！"

事实与结果：

孩子让家长忧心、烦心的事情不少，如何将忧心话语变通说可是一门学问。因为，说得好能使孩子改变坏习惯，得到好心境；说得不好会引起孩子的逆反心理，甚至变成孩子的"心病"。

应该这样做

如果孩子成绩下滑了，您应该先分析一下原因，然后再有针对性地和孩子交谈，让他明白您的忧心与关心，而不是责骂和训斥。对于一些不适合直接同孩子当面说的话题，可采取留纸条、写信，向孩子推荐一篇文章、一本好书等方式进行沟通。总之，家长间接式的变通做法，既可以表达自己的想法，孩子也比较容易接受。

测一测，你与父母沟通得好吗

从家庭的日常生活中父母和孩子之间对话的情况，可以测试家庭亲子沟通情况。请针对下面的问题，考虑你与父母沟通的实际情形，从备选答案中选择一项合适的。

问题：

1. 起床后或睡觉前你与父母会相互问候吗？

　A．每天一定问候。

　B．有时问候，有时不问候。

　C．几乎从不说。

2. 上学离家之前，你对父母说"我走了"或"我上学去了"这样的话吗？

　A．每天早上出门时一定会说。

　B．忙的时候就不说了。

　C．几乎什么也不说就出门了。

3. 放学回家时对父母说"我回来了"一类的话吗？

A. 一定会说"我回来了"。

B. 忙的时候就没有说。

C. 彼此什么话都不说就进自己房间。

4. 你问父母有关功课的事情时，他们怎么对待？

A. 一定当场回答。

B. 忙的时候等一下回答。

C. 大部分都说："去问你的老师去。"

5. 吃饭时父母会问你学校发生的事吗？

A. 每天一定问。

B. 有时问，有时不问。

C. 因为不想说话所以不问。

6. 与父母吵架之后第二天情形如何？

A. 第二天没有再吵，气氛很快会轻松起来。

B. 有时第二天都还在生气。

C. 继续吵架。

7. 吃饭前后说"吃饭了""吃饱了"一类的话吗？

A. 一定说。

B. 有时说，有时没说。

C. 几乎从不说。

8. 你觉得饭好吃时会说"好吃"吗？

A. 一定很高兴地说。

B. 有时会说，但对不好吃的东西常说"难吃"。

C. 几乎从不说"好吃""不好吃"。

9. 父母临时有事外出时怎么办？

　　A. 留张纸条说明有事出去。

　　B. 回来之后再解释。

　　C. 什么都没说就出去。

10. 你回家后有事不说时，父母会注意到你神色不对吗？

　　A. 只要一看脸色就知道跟平常不一样。

　　B. 有时会觉得脸色不一样。

　　C. 没有注意到这类事情。

评析：

　　上面各题的答案，选 A 记 3 分，选 B 记 2 分，选 C 记 1 分，计算所得总分有三种情况。

　　26 分及以上，沟通状况良好：

　　这样的家庭在日常生活中亲子经常互通信息，沟通状况非常好，以日常问候为开端，轻松地谈话，把父母当做倾吐烦恼的对象，家庭充满明朗舒适的气氛。但孩子到青春期时也许会变得不喜欢说话，父母应注意保持沟通。

　　15～25 分，沟通状况一般：

　　这样的家庭对日常生活的问候语并不十分在意，亲子间不算特别密切，孩子不会主动找话说。也不是完全缺乏沟通，只是缺乏主动交谈和畅所欲言。如果从日常的问候语开始，增进彼此的沟通，会使家庭更和谐更温馨。

14分及以下，沟通状况欠佳：

这样的家庭连日常生活中一些简单的问候都做不到，更何况亲子间的对话呢？因为沟通欠佳，父母常有"不知道孩子想什么"的烦恼。因此，当务之急就是父母应多付出努力来关心孩子，可以从小小的一句问候语开始，开展沟通，使已经疏远的亲子关系重新亲密起来。

第三章　贵在得法——
　　　　教孩子学好化学

考试成绩发下来，看着成绩单上化学科目一栏，我的眼泪不由自主地往下掉。怎么会考得这么差呢？虽然是一门新学学科，但上初二刚学物理的时候，物理成绩也没有这么差劲过，48分，天哪！我还从来没有得到过如此丢人的成绩！

说实话，为了能学好化学，我没少下工夫，去书店买来大量的练习册，课堂上也认真听取老师的字字句句，我把大部分的精力都用于此，但结果却让我如此失望。我想不通为什么同在一个教室里，其他的同学就能领悟老师的意思，而我的努力却是白费。难道我学习化学的能力就真的不如其他同学吗？

 内心独白

女儿念初中三年级，面临中考。很多时候，父母表现得比孩子还着急。

作为教师的我，深知衡量一个孩子的好坏不单单靠成绩，但生活中孩子会不自觉地把成绩当做是对自己一段时间学习的总结。一旦成绩不理想或者与之前的付出不吻合，就有可能给孩子的自信心带来一定的打击。

这不，在紧张的学习过程中，孩子总是一而再，再而三地跟我提及学习化学吃力的事情。作为母亲，我能做的仅仅是对她进行心灵上的安抚与鼓励，抑或是给她提供一些能帮助她学习化学的书籍，可这些似乎对女儿的帮助并不是很大。

这次化学考试成绩让孩子对自己十分灰心。隐约中，我感觉到孩子对化学学习的厌倦，有时候跟她提及化学学习方面的事宜，她甚至发脾气，这令我十分担忧。我应该如何帮助孩子呢？

 **教育故事**

寒假，为了舒缓一下紧张的神经，孩子的爸爸决定带孩子到海南旅游。结果，在五天的行程中，爸爸不失时机地与孩子一起探讨化学教材，让孩子尝到了学化学知识的甜头。

因为旅途中的伙食很差，总是清水炖白菜、萝卜，连点油花都不见，到第二天，孩子就有些受不住了，孩子对爸爸说："老爸，离开家才两天，我都馋您做的骨头汤了！"

"孩子，你知道骨头汤怎么做才更有营养、更容易吸收吗？"爸爸饶有兴趣地问。

孩子摇摇头，很困惑地看着爸爸说："我从来都不研究美食，我怎么会知道？"

"想要骨头汤更有营养、更容易吸收，秘诀就一个，只说一遍哦！"爸爸故意卖弄一下，然后告诉孩子说，"你只要在汤里加一点点醋，就万事 OK 了。"

孩子还有点摸不着头脑，爸爸接着解释说："在汤里加一点点的醋，这样会使骨头里的磷、钙充分溶解在汤中。你看看你的化学课本，二氧化碳的实验室制法，是利用了碳酸钙和盐酸起反应的原理。醋的主要成分是醋酸，醋酸和盐酸一样是一种酸，不过，盐酸因为是一种酸性很强的酸，不能食用，而醋酸是一种可以食用的酸，醋酸和骨头中的碳酸钙发生反应，将不溶于水的碳酸钙变成了溶于水的钙离子，就容易被人吸收了。你看，这里面包含着许多化学知识啊！"

听爸爸这么一说，孩子睁大了好奇的眼睛，她说："看来，化学是一门很有意思的学问，如果学好了，说不定还能在生活中发挥大作用呢！"

"那是当然了！"爸爸对孩子说，"现在南方普遍降雪，而我们北方今冬却少雨雪。你知道人工降雨是怎么一回事吗？"

孩子一下来了兴致，她催促爸爸说："爸爸别卖关子了，快告诉我，人工降雨是怎么回事？"

爸爸认真地对孩子说："天上的水汽要变成雨降下来必须具备两个条件，一个是必须有一定的水汽饱和度，另一个是必须有凝结核。所以，人工降雨首先必须天空里有云，如果没有云的话，就像巧妇难为无米之炊一样，是下不了雨的。在天空里，能下雨的云，被称做是'冷云'。在冷云里，有水汽凝结的小水滴，它们都很小很轻，如果不存在继续生长的条件，它们只能像烟雾尘埃一样悬浮在空中，很难落下来。但是，如果在云层里喷洒一些微粒物质，促进小水滴很快地增长到能够克服空气的浮力降落下来，这样就可以下雨了。"

孩子迫不及待地问爸爸："您说的这种微粒物质是指什么呢？"

"干冰啊。"爸爸脱口而出，"干冰是二氧化碳的固体状态，很像我们冬天压结实的雪块。干冰的温度很低，在 $-78.5\ ℃$ 以下。如果把干冰晶体像天女散花似的喷洒在冷云里，每一颗二氧化碳晶体都成为一个聚冷中心，促使冷云里的水汽、小水滴很快地集结在它的周围，这样就凝成较大的雨点降落下来了。"

孩子异常感慨地说："真是人定胜天啊！而这都是化学的作用。我一定要学好化学！老爸，您对我有信心吗？"

"当然有信心了！说不定你是学化学的天才呢！"

孩子开心地笑了，脸上充满了自信。爸爸开心地笑了，脸上充满了爱恋。

进入初三，要学习一门新的课程——化学。说它不难，因为它是基础学科；说它难，是因为它毕竟是学生在中学阶段接触最迟的一门学科。要想在中考前不到一年的时间里学好化学，除了要重视它以外，还必须掌握科学的学习方法。达尔文说过："最有价值的知识是关于方法的知识。"一旦掌握了学习化学的方法，就一定能轻松、愉快地学好化学。

一、化学学科特征和课程目标

化学是一门基础性、创造性和实用性的学科，是一门研究物质组成、结构性质和变化规律的科学，是研制新物质的科学，是信息科学、材料科学、能源科学、环境科学、海洋科学、生命科学和空间技术等研究的重要基础。

1. 知识与技能

认识几种常见物质的性质、制法，掌握化学的基本概念和基本理论，理解物质的多角度分类，认识化学变化的多样性和规律性，能分析简单化学问题，并用化学语言表达。能分析化学问题中量的关系，学会简单的化学公式。认识常用化学问题的方案设计、操作和完成实验报告。

2. 过程与方法

了解科学探究的一般过程，初步学会科学研究的一般方法。认识结构决定性质，性质决定用途的规律，了解现代化学肩负的使命。具有为解决化学问题进行专题信息收集、加工和输出的能力。学会通过独立学习和合作学习相结合来提高学习和实践活动的效率，培养团队合作的能力。

3. 情感态度与价值观

了解现代化学和化工的发展，了解化学知识在解决生活、生产和社会问题中的重要作用，提高学习化学的自觉性，具有参与化学科学实践的积极性，养成良好的学习态度。了解科学方法在化学研究中的重要性，养成实事求是的科学态度和勇于创新的科学精神。认识化学与生活改善、生产发展、社会进步和自然生态保护的关系，形成合理使用自然资源和保护环境的意识和责任感。

二、 化学学习方法

（一） 勤于预习， 善于听课做笔记

1. 预习

初中教材的编排图文并茂，可读性强。上新课前，要养成预习课文的习惯，能根据预习提纲带着问题读懂课本，初步了解将要学习的内容。通过阅读课文，了解新课的基本内容与重点，要把自己看不懂的问题记下来或用铅笔在书上做一些记号，用以提

醒自己上课时要集中精力和注意力。有意识、有目的地听老师讲自己不懂的问题，详细对比跟自己的想法有什么不同，这样就能取得良好的学习效果；在读课文后了解了主要内容的基础上，联系已学过的与之有关的基础知识，如果有遗忘的就要及时复习加以弥补，这样才能使新旧知识衔接，以旧带新，温故知新；在通读课文和扫清有关障碍后，在对新知识有所了解的基础上，思考课文后的习题，试着解答，在此过程中找出新课的重点、难点和疑点。如果有潜力，还可以做点预习笔记。

2. 听讲

听课是学习过程的核心环节，是学会和掌握知识的主要途径。课堂上能不能掌握好所学的知识，是决定学习效果的关键。功在课堂，利在课后，所以，在课堂上集中精力听好每一堂课，是学习好功课的关键。

听课时，一定要聚精会神，集中注意力，不但要认真听老师的讲解，还要特别注意老师讲过的思路和反复强调的重点及难点。边听课、边记笔记，遇到没有听明白或没记下来的地方要做些记号，课后及时请教老师或问同学。同时，还要注意听同学对老师提问的回答以及老师对同学回答的评价：哪点答对了，还有哪些不全面、不准确错误的地方，这样也能使自己加深对知识的理解，使自己能判断是非。课堂教学是教与学的双向活动，学生是主体，教师起主导作用，学生要积极、主动地参与课堂教学，听课时，一定要排除一切干扰和杂念，眼睛要盯住老师，要跟着老师的讲述和所做的演示实验，进行积极的思考，仔细地观察，踊跃发言，及时记忆，抓紧课堂上老师所给的时间认真做好课堂练习，努力把所学内容当堂消化，当堂记住。

3．笔记

初中化学内容比较多，老师在讲课时，着重围绕重点内容进行讲授。因此要仔细听课，认真做笔记，这不仅有利于进行课后复习，掌握重点，而且还可以有效地预防上课时"走神"。不过，在记笔记时，必须讲究方法，要在听清楚老师所讲内容的基础上，记重点、难点、疑点和课本上没有的内容。记笔记的类型有：

（1）补充笔记。讲新课时做补充笔记，老师讲的内容是根据学生的实际将课本内容重新组织，突出重点加以讲解，记笔记是边看书，边听讲，边在书本上画记号，标出老师所讲的重点，并把老师边讲边在黑板上写的提纲和重点内容抄下来，还要把关键性的、规律性的、实质性的内容和对自己有启发的地方扼要地在书本上或笔记本上写上几句，把老师讲的但书上没有的例题记下来，课后再复习思考。

（2）实验笔记。老师的演示实验和学生的分组实验，重在通过实验验证化学原理或掌握化学性质或物质的制法操作。可做简明图解、补充笔记，把老师所做的演示实验的现象及讲解记下来，书上有实验插图的可以直接在上面补充，例如，在氧气的实验室制法装置图边上记下老师讲的重点：①药品不能堆积在试管底部，而应平铺在试管底部，记"是为了增大受热面积，药品受热均匀，气体容易逸出"。②给试管加热时，为什么要先把酒精灯在试管下方来回加热，然后集中在药品部位加热？记"让试管受热均匀，不易破裂"。

（3）改错笔记。习题或试卷评讲课是老师纠正学生在作业或试卷中的"错误"，指导解题思路、规律、技巧和方法的课。在听课时，不要只抄正确答案，关键是要用红笔订正，而且不要擦去自己的错解，以利于与正确答案作对比，找出答错的原因，过一段时间还应把以前做错的题再重做一遍，看看现在自己是否真正掌握了。这种笔记是在作业或试题空隙处做简明的"眉批"或"注释"。

（4）系统笔记。复习小结课时，老师把课本内容进行系统归纳总结，是书上没有的，因此要做系统的笔记。将笔记每面一分为二，一半写板书的内容，一半记讲解，课后结合复习加以整理、修改和补充，成为一个整体，以利于加深、巩固所学知识，提高归纳知识的能力。笔记的形式有：①提纲式，以文字表述为主，适用于概括教材的主要内容或归纳、整理公式、定理和概念要点；②纲要式，以化学式、关系式或关系框图来表述，适用于元素及其化合物的性质、制取及相互间的变化、计算知识的概括等；③图表式，以文字、表格、线图来表述，适用于对有关概念、化学基本原理、物质的性质、实验等进行归类对比。

（二）善于联想，把准概念

1. 善于联想

初中化学教材中有大量的图表，知识容量很大，且活泼有趣。图表具有直观明了的特点，能很好地控制人的视觉，我们在阅读图表时要善于联想。如教材中用二维表格的形式列出了几种原子的构成：

原子种类	质子数	中子数	核外电子数
氢	1	0	1
碳	6	6	6
氧	8	8	8
钠	11	12	11
氯	17	18	17

这张表告诉了我们什么呢？我们可以从多方面去分析联想。如：①原子是由什么构成的？原子核又是由什么构成的？所有原子的原子核都含有质子和中子吗？②原子带电荷吗？为什么？③根据原子呈电中性，能推出质子数、核外电子数、核电荷数之间有什么关系吗？④元素的种类是由什么决定的？为什么？⑤这张表能告诉我们什么规律性结论吗？……通过一系列的问题来剖析原子结构，从而主动地探索知识。

2. 把准概念

在刚学化学时，有不少人不注意正确理解有关概念，导致在解具体题目时只看表面，不看本质，或想当然，从而造成错误解题的事例屡见不鲜，那么如何把握准确概念呢？

（1）可以通过抓概念中的关键字词来理解其含义。如对于催化剂的概念，可通过抓"改变"（包括加快与减慢两种情况）、"化学反应速率"（说明产物的种类与量的多少不受影响，只是反应时间变短或变长）、"本身的质量和化学性质在反应前后都不改变"（说明反应前催化剂有什么化学性质，反应后仍然具有，反应前催化剂质量为多少，反应后仍为多少）这些关键词句来理解。

（2）可以通过剥笋的方式来理解概念。如对于氧化物的概念，通过剥笋的方式得到如下结论：氧化物是化合物，氧化物由两种元素组成，氧化物中含有氧元素。抓住这些要点后，就很容易判断某物质是否是氧化物了。

（三）常复习，多记忆，认真完成作业

1. 复习

复习是知识的巩固阶段，它是使学生温故知新，加深对所学知识的理解和记忆，进一步将课本知识落实为自己知识的过程。通常分为常规复习、单元复习和总复习。常规复习指学生每天放学后对当天所学知识的复习，常规复习每天所花时间不多，但十分重要，贵在持之以恒。单元复习是指学生每学一个单元后将所学到的知识进行复习，要注意知识的拾遗补缺，重在知识系统性、条理性。总复习指期中、期末或一学年的复习，复习量较大，要重视知识的整体归纳、总结，将知识上升到理性认识并灵活和综合地运用。复习是一次再学习的过程，是对所学知识进行再加工和提高的过程。复习时要思考知识掌握的程度，要多思考几个为什么，要做到理解透彻，熟练运用。

2. 记忆

化学学科中有不少需要记忆的概念、符号、数据、化学方程式等。根据艾宾浩斯遗忘曲线，人的遗忘规律是先快后慢。识记过的事物第一天后的遗忘率达 55.8%，保留率为 44.2%，第二天以后的遗忘率为 66.3%，保留率为 33.7%，一个月后的保留率为 21.9%。自此以后就基本上不再遗忘了。因此，及时复习和记忆，

可以起到事半功倍的效果。同时记忆时注意把一些枯燥无味难于记忆的化学知识尽可能趣味化记忆。如金属活动顺序为"钾、钙、钠、镁、铝、锌、铁、锡、铅、（氢）、铜、汞、银、铂、金"，可谐音为"家盖那美丽，新铁吸铅（轻），统共一百斤"记忆。氢气或一氧化碳还原氧化铜的实验操作可记做："气体早出晚归，酒精灯迟到早退。"过滤操作中的注意点在理解后可浓缩为"一贴、二低、三靠"。

3. 作业

作业是巩固和消化所学知识即学懂会用的体现，通过做题能巩固所学的知识，加深对概念、规律的理解和深化、活化知识，能学习解题方法，发展思维，将知识转化为解决问题的能力。做题的过程是思维品质和思维能力再提高的过程，做题后不要满足于解法、答案是否正确，关键在于要理顺所做题目的思路、逻辑关系和类型，把握相关知识之间的内在规律，掌握了规律就能驾驭知识，迁移知识。做题还要善于积累，积累包括两个方面，一是成功经验，二是失败教训。如果把平时练习和考试中做错的题目积累成错题集，每隔一段时间把这些题再重新做一遍看看自己是否真正掌握了，把已经掌握的题做上标记进行淘汰，使不会的题逐渐减少，直到减少到零，既有针对性，又节省时间，可大大提高学习效率。

（四）联系实际，让化学走进生活

化学知识来源于生活，生活中处处有化学。学习化学应该从我们已有的生活经验出发，让多姿多彩的生活实际成为化学知识的源头，应该始终保持对生活和自然界中化学现象的好奇心和求知欲，提高学习兴趣。

在化学学习中要注意捕捉生活现象，例如：用砖砌墙和贴瓷砖时，先要将砖和瓷砖用水润湿；新买的铝锅，烧过自来水后有黑色斑点；经常雷雨交加的地方禾苗长得很茂盛。这些奇妙的现象激起学生的好奇心后，就能促使他们去学习水泥、铝和氮气的性质。

除此之外还要多参与生活实践，多认识化学问题。"实践出真知"，实践是学习的重要环节，是知识理解的延伸与升华，只有充分进行生活实践，才能真正明白所学知识的价值。学习化学亦是如此，这就要求我们在学习中，应尽量联系生产、生活实际，从身边的生活中发现化学，体味化学，这样就能越学越有兴趣，越学越想学，越学越爱学。

（五）　重视实验，　培养兴趣

化学是一门以实验为基础的学科，实验不仅可以激发我们的学习兴趣，而且对于我们形成化学概念、理解巩固知识、训练实验技能、培养观察和动手能力、提高思维和解决实际问题的能力都是非常重要的。这就要求我们要认真、细致地观察老师的演示实验，对实验所用的仪器、药品、装置以及实验原理、步骤、现象和注意事项，都必须弄清、记熟。同时，认真做好学生实验、趣味实验以及家庭小实验，积极参加化学课外活动，如参观、讲座、化学游戏等，主动培养自己学习化学的兴趣。

三、　演好家长的角色

前些时候，有两位家长问了孔老师一个类似的问题：我的孩子不爱学习，做作业特别马虎，这是怎么回事？应该怎么办？

孔老师问：你的孩子对什么感兴趣？爱干什么？一个家长说，孩子爱看童话，一看看几个钟头，吃饭都不情愿，童话中无论什么细节孩子都清楚，甚至能背下来；另一个家长说孩子爱做飞机模型，各种型号的飞机都清楚，俨然是个飞机情报专家。

听了这些回答，孔老师心里就有了底，说：是呀，你们的孩子没有问题。他对感兴趣的东西就能专心，并且能掌握很多相关的知识，记住很多细节，这是非常可贵的现象呀。

可家长们更急了：孩子不学习学校的功课怎么行呢？不系统地掌握知识，上不了大学。什么都信马由缰，将来肯定是要被淘汰的！

家长的担心是有道理的。有的家长过去没有上成大学，现在感到很吃亏，觉得生活的路子特别窄，因此无论如何也希望孩子好好学习，将来上大学，有出息。但是孩子就是不懂事、不争气。有的家长说，我上学的时候，没有这么多电视节目，也没有什么花里胡哨的歌星、影星、球星，当时自己只愿意学习，所以上学还比较顺利，成绩也不错；但是现在孩子的生活太丰富了，做航模、玩游戏，还追什么球星、歌星，一天到晚被别人牵着鼻子转，看着真让人着急又心疼，但又没办法。

当然，孩子不是橡皮泥，家长想怎么捏就怎么捏；孩子的头脑也不是水缸，家长只管把自己的人生经验往里面倒。孩子必须通过自己的头脑来观察、思考和吸收，所有的知识和经验都必须通过他自己的实践才能得到。孩子是通过尝试错误来学习的，他们会摸索，会迷惑，会浪费时间，甚至会养成坏习惯，但这就是孩子，家长是急不得的。

学校的学习的确很重要，而且学校教育的一个重要内容就是文化课，如何引导孩子对文化课学习感兴趣呢？孔老师给这两位家长提了四点建议。

1. 向孩子展现一个真实的自己

关于学习问题家长常会"有意"地给孩子讲"我过去没学好，结果现在很不成功，在单位不顺"等等。其实，对于家长的状态，孩子自然会看在眼里。如果你现在不如意，你把它归结到自己的过去，那么孩子也自然可以把自己现在学习不好归结到"幼儿园"或娘胎里去，认为自己"天生"不爱学习，自己"天生"马虎等，这样的归因能产生积极的效果吗？

另外，有些家长也会向孩子提起自己当年成绩如何突出。俗话说，"好汉不提当年勇"，时代变了，"过去"无论如何已经过去了。

家长对孩子最好的教育就是让孩子了解自己。家长在孩子面前，要自然、真实地展现自己当前的生活，不要美化，也不要丑化。这样，孩子面前至少有一条生活的真实道路：如果你有很高的文化素养和扎实的知识基础，那么借用一个古老的说法，"有智吃智"；如果你没有充分的知识储备，那么"无智吃力"。这一切，不用家长讲，孩子都会看在眼里，愿不愿沿着家长走过的路子走，就看他自己了。

2. 了解孩子，因势利导

了解孩子包括了解孩子的需要和兴趣，了解孩子行为的动机，从而更好地引导孩子。这一条说起来简单，做起来复杂，要具体问题具体分析。对于爱看童话的孩子，可以从对童话的分析入手，提高孩子对社会生活、人际关系的认识；从对同一童话不同版本的比较入手，提高孩子的写作能力，鼓励孩子自己创作童话。当孩子从新的角度去看童话时，他会迅速地成熟起来，自然地走出对童话的沉溺。

对于喜欢飞机的孩子，完全可以通过对各种飞机性能的认识，引导孩子进入数学和物理的大门；通过对飞机发展历史的认识，引导孩子进入科学的大门。由于孩子以最基本的兴趣作为动力，相关的书籍和资料，都会成为孩子知识的源泉。

3. 不过分介入

家长要控制自己，不要过分介入孩子学习的事。因为学习毕竟是孩子自己的事，学好学不好关键在于自己。正像孩子的身体发育，家长所能做的就是给孩子提供营养丰富的食物，尽量把食物做得可口但是不能替孩子吃下去，更不能替孩子长高。家长的过分介入不仅没有用，反而会降低孩子的学习兴趣，使他们认为学习是父母的事。

4. 创造学习条件

良好的学习条件包括：（1）安静的环境，这可能要求家长自己也少看电视、少打牌；（2）读书的气氛，即家长自己也多读书、看报，多讨论读书心得和相关问题；（3）对探索"怪"问题的支持，如欣赏孩子提出的某些问题的独到之处，帮助孩子利用图书馆或互联网查找相关资料，为孩子要进行的某些探索性实验提供材料及安全监护；等等。

孩子并不是真的不爱学习。随着时代的进步，社会文化生活变得越来越有趣，信息传递的途径也越来越丰富。为了使更多的孩子能够受到系统、有效的教育，不再被贴上"不爱学习"的标签，我们需要改变的是传统的、面孔呆板的教学方法，使之更适合孩子兴趣多样化的发展，与社会文化的进步相吻合。

5. 扬长避短

人的智力结构是不同的，有的孩子善于学文，有的孩子善于学理；有的孩子记忆好，有的孩子思维好。如果孩子经过相当的努力，仍然在某一学科上难以取得满意的成绩，家长可以建议孩子果断地放弃这一学科，用优势学科的成绩来弥补该学科的不足。

四、 学习化学小窍门

1. 巧妙记忆

我国化学家王序曾经指出："化学是第二外语。"言外之意就是说，化学知识中有些是有规律的"死知识"。如元素符号、化学式、化学方程式等是化学学科独特的语言，是学习化学的工具。如果机械记忆则效果不佳。

所以在记忆中寻找一些方法技巧，可以起到事半功倍、记忆持久的效果。常用的方法如：

及时归纳总结

如在记忆碳、硫、磷等在空气、氧气中燃烧现象时，如果孤立地记在空气中有什么现象，在氧气中有什么现象，不仅增大了记忆量，而且也容易混淆。如果及时地进行总结，归纳出共同点

（以硫为例，都燃烧，都放热，都嗅到一股刺激性气味）与不同点（在空气中燃烧发出微弱的淡蓝色火焰，在氧气中燃烧发出明亮的蓝紫色火焰），这样，不仅有利于记忆，而且知道了物质燃烧现象的不同往往取决于氧气的浓度。

口诀记忆法

把要记忆的知识整理加工，形成口诀。如在记忆常见元素和原子团的化合价时，可编如下口诀：钾钠氢银正一价，氟氯溴碘负一价，钙镁钡锌正二价……口诀具有容量大、难遗忘的特点，是一种常用的识记方法。

浓缩记忆法

从要记忆的材料中概括出关键的字词，使记忆简单明了。如过滤操作的要点可浓缩为"一贴二低三靠"。再如氢气还原氧化铜的实验步骤可浓缩为"通—点—移—停"等等。实践证明，概念有所简化，才有所强化。浓缩记忆不失为一种好方法。

2. 化合价口诀集合

化合价口诀一

一价氟氯溴碘氢，还有金属钾钠银。

二价氧钡钙镁锌，铝三硅四都固定。

氯氮变价要注意，一二铜汞一三金。

二四碳铅二三铁，二四六硫三五磷。

化合价口诀二

氟氯溴碘负一价，正一氢银与钾钠。

氧的负二先记清，正二镁钙钡和锌。

正三是铝正四硅，下面再把变价归。

全部金属是正价，一二铜来二三铁。

锰正二四与六七，碳的二四要牢记。

非金属负主正不齐，氯的负一正一五七。

氮磷负三与正五，不同磷三氮二四。

硫有负二正四六，边记边用就会熟。

化合价口诀三

一价氢氯钾钠银，二价氧钙钡镁锌。

三铝四硅五氮磷，二三铁二四碳。

二四六硫都很齐，铜汞二价最常见。

常见元素化合价顺口溜（一）

钾钠氢银正一价，钙镁锌钡正二价。

氟氯溴碘负一价，通常氧是负二价。

铜正一正二铝正三，铁有正二和正三。

碳有正二和正四，硫有负二正四和正六。

常见元素化合价顺口溜（二）

一价氢锂钾钠银，二价氧镁钙钡锌。

铜汞一二铁二三，碳锡铅在二四寻。

硫为负二正四六，负三到五氮和磷。

卤素负一、一、三、五、七。

三价记住硼、铝、金。

常见根价口诀

一价铵根硝酸根，氢卤酸根氢氧根。

高锰酸根氯酸根，高氯酸根醋酸根。

二价硫酸碳酸根，氢硫酸根锰酸根。

暂记铵根为正价，负三有个磷酸根。

金属活动性顺序表

钾钙钠镁铝、锌铁锡铅氢、铜汞银铂金。

盐的溶解性

钾钠铵硝皆可溶，盐酸盐不溶银亚汞。

硫酸盐不溶钡和铅，碳磷酸盐多不溶。

多数酸溶碱少溶，只有钾钠铵钡溶。

 经验共享

化学学习心得 （湖北省宜昌市三中 906 班　刘文意）

在中学阶段打下一个好的化学基础，对于我们以后的生活与工作都会有很大的帮助。

1. 心理素质的影响

古人云："两军相逢勇者胜。"良好的心理素质对比赛结果会产生重大的影响。尽管大家在同一间教室上课，受同一位老师教诲，但效果却不尽相同。而化学作为一门基础的课程，大家在同一起跑线上出发，更不应有太大的悬殊。因此，我们应调整好心理状态，对化学保持一种"我能行"的稳定而积极的学习态度，不断为自己加油鼓劲，对自己充满自信，不以一时胜负论英雄。

2. 打好基础

"万丈高楼平地起"，坚实的基础是塑造化学大楼的关键。对于化学知识的基本理论和概念真正理解，并牢记于心，在使用时才会应用自如。只有了解了一定的知识和研究方法，运用科学的态度和思维方式，才能很好地解决各种化学问题。

3. 灵活运用

化学是一门以实验为基础的科学，许多现象与推论都是在实验中获得的。所以，在平时的实验中，我们应敢想敢干，但绝非是毫无科学性的蛮想蛮干。只有灵活运用各种化学知识，在实验中仔细地探索研究，才可以有所发现。

化学是一门具有许多趣味性的学科，把化学学习当做一种快乐的游戏，必将发现其魅力所在。

学习化学的体会 （作者： 听海）

化学与数学、物理并列为理科的三大学科。化学学科既有理科的特点，就是概念性较强、前后知识联系紧密，又是理论、实验、计算相结合的一门有特色的学科。化学的另一个特点就是记忆的成分较多，某些知识较零碎，而影响了知识的系统性和规律性。另外，大部分省市升学考试实行的是3＋x考试，试题总体难度降低，这就要求我们必须把握住书本上的知识，千万不要走入难题的误区。

学习化学的特点就是易学易忘记。因此我们在80多天的学习时间里，必须注意以下几个方面的问题。

1. 要真正把知识学会

对于这个问题，我认为应从三个方面去做：第一，做好课前预习。只有在课前把教师要讲的知识做到心中有数，才能有目标地学习，才能提高课堂学习质量。第二，课上认真听讲。课堂是学生学习的主战场，学习质量的好与坏主要是由课堂质量决定的。所以学生必须把握住课堂，提高课堂学习效率。第三，课后及时总结。课上学习之后，每一名同学一定有这样或那样的收获和问题，所以我们应当及时地把这些情况整理一下，使学习过的知识在头脑中有一个更清晰的印象。我想要学好化学，这是每一个同学都应该做的三步曲。

2. 解决易忘的问题

解决这个问题的办法是重复记忆。

大脑的记忆功能是有一定的周期的，据有关资料介绍，大脑的记忆周期可分为如下几个阶段：

第一个记忆周期是 5 分钟，第二个记忆周期是 30 分钟，第三个记忆周期是 12 个小时，这三个记忆周期属于短期记忆的范畴。第四个记忆周期是 1 天，第五个记忆周期是 2 天，第六个记忆周期是 4 天，第七个记忆周期是 7 天，第八个记忆周期是 15 天。

这个记忆周期规律，只能作为一个参考。因为每个人的记忆周期可能有一定的差别，对于不同的知识的记忆也有不同的差别。所以我们每个同学应根据自己的具体情况，明确自己的记忆周期，确定自己的记忆方法。根据记忆周期的规律，我们一定要做到反复记忆，那就是在上一次记忆周期还没有结束之前，必须再记忆一次，否则，所学会的知识就又变成了新的知识，如果是这样，学习效率就大大降低了。

我建议，每个同学首先应该作个详细的复习计划。作计划的时候，首先明确我们的复习时间只有 80 天，再根据自己的个人情况（一是自己对知识的掌握情况，二是自己的记忆周期），作好周密的计划。总之，我们每个人复习备考的最终目标是，在升学考试的那几天，所有的知识在大脑中的记忆是最清晰的，大脑的反应是最快的，这才是我们的最佳的应试状态。

以上是我对于学习化学的一点体会，希望同学们在学习过程中不断地思考，找到最适合自己的学习方法，使自己在轻松愉快的氛围中搞好化学的备考复习。

 自我检测

制订学习化学的计划，并执行，每天检查计划的落实。

根据自己的具体情况，确定自己的记忆周期，确定自己的记忆方法，并根据记忆周期的规律反复记忆。

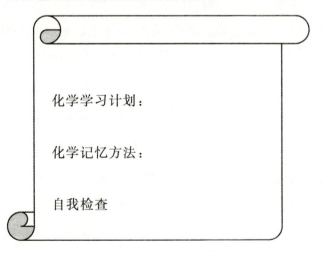

化学学习计划：

化学记忆方法：

自我检查

第四章　要成才，更要成人——
　　　　让孩子勇于承担责任

心情日记

　　临近期末了，大家都在紧张的学习生活中奋斗着。是啊，在这个紧要关头，谁不抓紧时间学习呢？学习是最重要的事情！

　　身为卫生委员，同学们把做值日看成了我个人的事，时不时有同学会对我说："帮个忙扫走廊，好不？""我的英语作业还没有做，今天的值日就拜托你了，谢谢啊！"……

　　说实话，这让我很烦！我有心发作，可是想想，还是忍了。

　　今天，应该是我们组做值日。早晨七点钟，只有我一个人按时到校；晚上放学后，组内六个人只剩下包括我在内的两个人，看到这情形，这位同学说"留给明天的值日生做吧"，然后就离开了。

　　留给明天的值日生做？那么，明天的值日生会不会又留给后天的值日生？

　　学习是我们的责任，可劳动亦是我们的责任。这种责任并不是对自己的负责，而是对学校、对社会的负责。既然学校为我们提供了这个环境，我们就应该去尽自己的力量保护它，这应该是我们每一个人应尽的职责才对。从小，父母就这样教育我。

　　可是，好多同学都说，干吗那么认真，是你自己的学习重要还是劳动重要啊？

　　我当然知道学习的重要，我是卫生委员，别人可以不干，但我却不可以！多少次，因为劳动耽误了时间而错过了英语默写；

多少次，因为劳动检查不合格而耽误了早自习……唉，想想就觉得自己委屈。几次向班主任老师提出来不当卫生委员了，可班主任说，你不当谁当啊？好像这卫生委员天生是我的似的。你说，我怎么就这么倒霉呢？

 内心独白

儿子最近经常抱怨，班里又有同学不做值日，整个班级的卫生工作就靠他一个人做了。想一想，别人家的孩子都抓紧点滴时间学习的时候，自己的儿子却在打扫卫生，嘴上虽不能向孩子抱怨什么，心里却多少有些不甘。连自己都说服不了，又怎么能说服得了儿子呢？

 教育故事

听着儿子每天的抱怨，我也被搞得心烦意乱，可我实在不知道怎样去说服儿子。这天放学一进家门，儿子又照例抱怨的时候，我赶紧建议儿子给教育专家打电话咨询。儿子很愉快地答应了，我按下免提键，想一起听听专家的分析和建议。

"老师您好，我是一个初三学生，我最近遇到了一件麻烦事，想跟您谈谈，不知道是不是耽误了您的时间？"

"我很高兴接到你的电话，我能帮你什么忙？"

"老师，您知道吗？我是我们班的卫生委员，因为临近期末考试，我们班的值日几乎成了我一个人的了。每天都是我做值日，我感到很委屈，可是不干吧，又担心老师批评。班级的卫生上不去，班主任老师第一个批评的就是我，我觉得自己比窦娥还冤呢！"

"我明白你的意思了，我想先弄清楚几个问题。第一个问题，对那些不做值日的同学，你是怎么看待的？"

"他们太自私，只为自己着想，不考虑集体利益。"

"他们为自己着想，你指的是什么？"

"当然是为了自己的学习了，他们担心做值日会耽误自己的学习时间，毕竟初三是一个关键时期，考上一所好高中就意味着成功的一半，谁不想抓住每一分每一秒去学习啊！"

"这就是说，你也很想抓住每一分每一秒去学习，但你因为身为卫生委员没有办法，是不是？"

"是。"

"我想知道，每天就你一个人做值日大约需要多长时间？"

"最长也就十几分钟的时间吧！"

"在这十几分钟的时间里，你的心情如何？你想得最多的是什么？"

"我心情很糟，既有对同学的怨恨，也有对老师的意见。老师不可能看不见，他为什么就是不管呢？"

"如果你把这十几分钟的时间，看做是一天学习前的热身或者一天学习后的放松，开开心心地去做，结果会怎样呢？"

"这我倒没有想过。"

"你不妨试试看。换一种角度换一种心情去做同样的事，可能有不同的感受和收获。"

"好吧，我会尽力的。"

"如果你按照我说的去做，你认为会不会影响到你的学习呢？"

"肯定不会！即使是现在也没太影响我的学习，只是影响了我的心情。"

"如果你的心情首先改变了，相信你的成绩不仅不会下降，相反会有所提高的。"

"也许吧。但是，难道我就只能改变自己吗？"

"当然不是。你刚才说你的同学都太自私了，我无法否认这一点，这的确是某些同学自私的外在表现。但我想也不能因为他们不做值日就给他们贴上自私的标签。有的同学可能把学习和做值日这两件事给对立起来了，其实这两者之间并没有矛盾。"

"我也这么认为，但怎么让同学也这么认为呢？"

"你刚刚问，老师不可能看不见，为什么不管呢？我倒觉得，很可能老师就是没有注意到，或者注意到了只是没有引起他的重视，所以，你最好跟老师好好沟通一下，让老师了解你的处境，给你出出点子。比如，开一个主题辩论会，针对做值日是否影响学习进行辩论，让同学解除心头的担忧，同时肩负起自己应该承担的责任。当然，也可以召开家长会，了解家长对孩子做值日的看法，让家长明白孩子做值日的意义，从而解除同学来自家长方面的阻力。"

"这是个好主意，之前我光想自己的烦恼了，怎么就忘了想对

牵手两代 父母课堂

策呢？谢谢您老师！我试试看，有问题的时候再来咨询您！"

"我很荣幸！再见。"

一、 初中生责任意识的现状

当前，部分初中生存在以自我为中心、自私自利、冷漠无情、责任意识淡薄、责任感缺失的现象，表现出对自己、家庭、社会均不负责的行为。例如，我们在生活中常见到这样的情景：洗手间的水龙头没关紧，没有人会随手把它拧紧；推车时把别人停放的自行车弄倒了好几辆，有人可以旁若无人地走开；公共汽车上一位老人吃力地站在旁边，有一位年轻人可以大模大样地装睡觉……这是一些初中生在现实生活中的真实镜头，相信每个父母都可以举出许多类似的例子。根据调查分析，现在初中孩子责任意识的现状可以归纳为如下三个方面：

1. 重个人前途，轻社会理想，不是以主人翁的态度对待社会

不可否认当代学生是有理想的，他们希望自己成名成家，出人头地，但有的仅仅局限于实现个人理想的梦幻里，而没有将个人理想与社会理想紧密联系起来，此次问卷调查的结果可以说明这一点。例如："当你遇到个人利益与集体利益发生冲突时，你会放弃个人利益而服从集体利益吗？"58％的学生回答"不会"，23％的学生回答"可能"，19％的学生回答"会"。"你班本月没有得到一日常规检查流动红旗，你的态度是怎样的？"10％的学生认为

"无所谓"，67％的学生认为"都是班主任管理不善的责任"，只有23％的学生愿意"和班主任一起找原因，严格地要求自己"。"如果条件允许可以在假期去打工，你打工的目的是什么？"70.3％的学生回答"为了个人的需求"，21.6％的学生回答"为了缓解家庭负担"，而只有8.1％的学生回答"为了培养能力以便将来能为社会作一点贡献"。由此看来，现在的初中生更重视个人理想，而轻视社会理想。他们认为社会理想太远、太大、太空，可望而不可即，而个人的现实生活才是最实惠的，因而他们更多的是关心自己的命运，更多的是关注自身发展的状态和现时的利益。从本质上看，这些学生缺乏对个人理想与社会理想关系的认识，缺乏对自己负有历史使命的正确认识，缺乏对社会应具有的主人翁的严肃态度。

2. 在个人的奋斗目标上表现为个人意识取代了集体意识和社会意识

随着市场经济的发展，利益主体的多元化，个人的独立性、自主性地位逐渐得以确立，人们的个性和地位真正凸现出来了。在回答"你努力学习的目的是为了什么？"的问题时，为"长大报效祖国"的占10.5％，为"孝敬父母、满足父母要求"的占17.5％，为"可以多挣钱，使自己生活幸福、自在"的占22％，为"实现个人价值"的占50％。调查结果反映出初中生的个人主义和功利主义倾向，尽管他们能够兼顾到社会和个人，但在两者之间更偏重于个人。

3. 在利益关系上表现为以"我"为中心，凡事从"我"出发，崇尚"追求自我实现，完善自我价值"

当集体与个人发生冲突时，只强调个人，并以"我"为主；当公众利益与个人利益矛盾时，则以个人利益为重，缺乏为社会和集体牺牲的精神。调查中发现，孩子在考虑将来的职业时，有10％的学生考虑"能发挥特长"，42％考虑的是"经济收入高"，有48％回答"工作轻松而稳定"。这表明他们从个人方面考虑较多，对社会需要方面考虑较少。有些学生对那些不关自己的事，采取回避、冷漠的态度，例如，对于"你认为对家庭负责应从什么时候开始？"这个问题多数学生表示，应该是在参加工作甚至是结婚后。他们不认为承担家务是表达孝心替父母分忧的表现，因而也很少帮父母做家务。一名学生的一番话很有代表性："作为一名初中生，眼下不应该急于回报父母，搞好学习才是最大的'孝顺'。"对一名初中生来说，在课余时间主动承担一些家务，为父母减轻负担，是家庭责任感的体现。对于是否献过爱心这个问题，有50％左右的学生表示捐过钱，帮助过困难的同学，其他一些好人好事很少做。事实上，虽然帮父母做家务或献爱心，不能与责任感直接画上等号，但社会责任感就是体现在一些细微小事当中。现在的初中生基本都是独生子女，他们渴望得到别人理解却不懂得体谅别人，只知道接受爱而不知道爱别人，只知道指手画脚指责别人而不知道首先应该从自己做起。他们当中的不少人社会责任感不强，很少想到自己的一言一行都是与他人、与社会、与国家、与自然相联系的，更没想到自己应负的责任。例如有的学生只顾自己学习，不愿担任班团干部，不愿参加学校组织的各种活动，更不想参加公益劳动，怕影响自己的学习。分析这些现象，我们可以看到：在社会发展的今天，个别初中生的人生观、价值观偏离了正确方向，他们虽然在学校接受的是"理想教育"，但是在社会上接受的是"商品教育"，在家中接受的则是"实惠教育"。个别学生没有理想、没有追求，成了丧失精神家园的"流浪儿"。这种"精神流浪儿"的产生，从深层意义上讲就是由于丧失了对他人、对集体、对社会、对国家的责任心。

二、 初中生责任意识淡化的原因

现在初中生责任意识缺乏，究其原因主要有以下几个方面：

1. 社会因素的影响

当今，社会中的某些领域和某些地方道德失范，是非、善恶、美丑界限混淆，拜金主义、享乐主义、极端个人主义有所滋长，见利忘义、损公肥私行为时有发生，不讲信用、欺骗欺诈成为一种社会公害，"诚信明礼"成了骗人的幌子，人心浮躁、急功近利的现象严重存在，这种环境必然潜移默化地影响到孩子的心灵。

2. 家庭因素的影响

"父母是孩子的第一任老师"，父母的言行举止对孩子的性格形成起着至关重要的作用。但是，父母"离异"、搞"婚外恋"等现象时有发生，这无疑是对家庭的不负责任。多数父母"望子成龙""望女成凤"心切，为了能使孩子取得优异成绩，出人头地，他们不惜"智力投资"，甚至不择手段，但忽视了对孩子品格的培养。长辈对孩子的溺爱惯养、放任自流，自然导致孩子任性、推卸责任、自护的意识滋长。现在由于青少年学生大部分是独生子女，很多父母在关心、保护孩子的同时，忽略了孩子是需要学会负责任的。

父母在无意中对孩子的保护和关心太过分了，总是怕孩子辛苦，怕他们为难。于是，有的家长替孩子洗衣服、袜子、鞋子，替他们收拾书包、房间，孩子生活中几乎所有的事都被家长包办了。相当一部分父母认为，家庭劳动与学习是对立的。家务劳动做多了，就会耽误孩子的学习，唯一的要求就是孩子把时间花在学习上，甚至连个人基本的一些自理活动都不让孩子自己来干。其实这是一种极端错误的做法，典型的因小失大——"捡了芝麻丢了西瓜"。孩子们做一些简单的家务劳动，也就花费十几分钟最多几十分钟的时间，难道在这点时间里他们的学习就会有质的突破和飞跃？这显然是不现实的，但父母长期不让孩子去做，就等于剥夺了孩子承担责任的权利，造成一个个"甩手掌柜"。这些"甩手掌柜"们缺乏责任感，必将对今后他们所做的每件事，包括学习，产生不良的影响。长期这样，孩子不知道怎样自己照顾自己，更谈不上对他人、对社会的责任感了。在这种家庭环境中长大的孩子，由于从小就受到太多的呵护，一方面自我意识很强，处处都要以自我为中心，为达到个人的目的可以不择手段；另一方面，对周围的人和事却表现出漠不关心，缺乏基本的责任感。

3. 学校教育的影响

学校的教育存在着诸多问题，集中表现在：

（1）应试教育根深蒂固。在实施素质教育的今天，虽然老师和家长们表面上接受素质教育，但还是过分注重孩子的成绩，这就使得某些学校在鼓吹"实施素质教育"的同时，更重视学生的考试成绩，造成各式各样的补课现象越来越严重。由于学校忽视了对学生责任感的培养，导致一些学生对学校、班级、同学缺少责任心和爱心。

（2）责任教育过于理想化、成人化。不从对学生的日常管理抓起，脱离学生的生活实际，导致学生忽视了一些基本的责任，从而出现了"大事做不了，小事不能做"的真空状态。

（3）重灌输，轻疏导。把责任教育等同于一般的文化知识教育，注重条条框框，死记硬背，使原本应以实践为基础的责任培养流于形式。

三、 如何提高孩子的责任意识

1. 三管齐下，培养孩子的责任意识

作为家庭中的一名成员，孩子既应该享受权利，也应该承担一定的家庭责任，包括建立家庭中的岗位，承担一定数量的家务劳动。父母可以通过鼓励、期望、奖惩等方式，督促孩子履行职责，培养责任心。如果一个孩子对家庭层次的责任心都难以确立，将来走上社会也难以向社会层次的责任心过渡。

对孩子责任心的培养应该从大处着眼、小处着手。要让孩子在家庭岗位上感受到责任的分量，倒垃圾、洗衣服都是他们力所能及的事情。通过做家务能使孩子走出自我中心，增加对他人和周围环境的责任心。

责任心的培养还要通过孩子自身的实践体验来实现，父母越俎代庖是无济于事的。有的父母代孩子整理书包，帮助孩子检查作业，这是责任心的"错位"和"越位"。让孩子自己承担失责的后果，孩子才能懂得上学读书不是个人的私事，而是对家庭和社会的一种责任。

最后，父母还要做孩子的好榜样。父母对孩子来说是一面镜子，父母的责任心水平可以折射出孩子的责任心。一个对家庭、对社会毫无责任感的父母，很难培养出有责任心的孩子。

2. 教育孩子六负责

（1）学会对自己负责。让孩子感受现实，增强责任感。学会珍惜生命，学会健体，养成良好的卫生习惯，注意安全，不作无谓的牺牲；爱惜名誉，拾金不昧，不受利诱；学会求知，刻苦学习，立志成才；学会生存，终身努力，不断完善自己；学会生活，情趣健康，善于调适自己的心理状态，不看色情、迷信的书刊，不进不健康的场所；学会审美，注重仪表，穿戴整洁，朴素大方。

（2）学会对他人负责。培养孩子从小事做起，在学习和生活中体验对他人的责任。学会尊重他人、敬老爱幼、帮助残疾人；尊重老师，见面行礼或主动问好；同学之间团结互助，真诚相待，发生矛盾作自我批评，不讲粗话、脏话，同学间不打架；尊重他人的隐私权，未经他人允许不动用他人物品，不看他人信件和日记；不侵犯他人的合法权益，不打扰他人学习、工作和休息；惜时守信，答应别人的事一定按时做到，做不到时要表示歉意，借他人钱物要及时归还。

（3）学会对集体负责。要增强集体观念，积极参加团队活动、班级组织的文体活动、劳动和社会实践活动；要爱护公物，不在黑板、墙壁、课桌、宣传栏、公告栏等处涂抹刻画，爱护花草树木，保持校园整洁优美；热爱学校，珍惜集体荣誉，以主人翁姿态主动承担并出色完成各项任务，为集体争光；学会合作，充分认识到自己在集体中的地位和责任，实现在发展集体中发展个人；要正确处理集体利益与个人利益的关系，坚持国家利益、集体利益高于个人利益的原则，尽职尽责做好自己应做的事。

（4）学会对家庭负责。在与孩子的交流沟通中，让孩子理解个人对家庭的责任，使孩子学会尊重父母正确的意见和教导，经常把学习、生活、思想情况告诉父母；外出或到家时，向父母打招呼；未经父母同意，不能在外住宿；生活节俭，不攀比，不摆阔气，不乱花钱；学会并主动承担力所能及的家务劳动；学会料理个人生活；学会理解、体贴父母，在家庭出现困难时，能主动为父母分忧；成年后要依法履行对家庭的一切义务和责任。总之，就是让孩子体验到对家庭尽责所带来的愉悦，并把学习与承担家庭的责任联系起来。

（5）学会对国家、社会负责。让孩子逐步去探究生命的意义，明确对生活的责任，使他们关注祖国的命运，将自己融入社会。让孩子做到遵守国家法律、法令，遵守公共秩序、社会公德，言谈举止符合文明规范；维护国家利益，依法行使宪法和法律所赋予的各项权利和义务；维护国家稳定，同一切损害国家利益的现象、言论和行为作斗争；维护国家荣誉，尊敬国旗、国徽，树立民族自豪感、自尊心和自信心；遇见外宾，以礼相待，不卑不亢，不做有损人格、国格的事。

（6）学会对自然环境负责。孩子终将长大走向社会，这时就要将自我责任和社会责任融为一体。应教育孩子学会正确认识人与自然的关系，努力学习环境知识，提高环保意识，遵循自然规律，善待自然；保护生物，尊重地球上每一个物种的生存权利，不捕杀野生动物，不践踏绿地，积极参加植树造林活动；自觉遵守环保政策法规，爱护环境，科学处理生活垃圾，防止环境污染，敢于依法举报破坏、污染环境的行为，保证人们的健康、安全和持续发展，共筑人类美好家园。

四、 在承担责任中实现自我

责任心是指个人对自己、对他人、对家庭、对集体、对国家和社会所负责任的认识、情感和信念，以及与之相应的遵守规范和履行义务的自觉态度。责任心是孩子健全人格的基础，是能力发展的催化剂。

孩子每一次责任的承担就是一次自我实现。

孩子犯错后承担责任，虽然接受了批评和惩罚，但心里会变得安静和坦然，更觉得自己是一个敢作敢当的人。知道自己的义务，为义务承担责任的孩子，把承担责任视为自己的天职，为他人着想的同时，感受自己思想的高尚。他们变得深沉而老练，更加自信。

孩子在家庭中，用心关爱家人，帮助家人，逐渐变成了自己要承担责任，他们就会甘心情愿，全身心地投入。那种爱的牵挂，让孩子感受到自己的价值。当自己不是衣来伸手、饭来张口的小孩子，不再是家里的"小寄生虫"时，孩子会对自己越来越满意。如果孩子认为自己是父母的依靠，孩子就会相信自己长大了。

其实，孩子愿意承担责任。从很小的时候起，他们就主动承担责任。而到了初中还没有责任感，没有承担过责任的孩子，多是受到父母的阻挠，不给孩子机会。这样的孩子是受害者，因为他们的性格会改变，从内心深处惧怕走出家庭，走向社会。他们没有找到自信，对自己是怀疑态度，对外界是抵触的心理。一有机会就想办法后退、逃避，很多20岁左右的孩子逃进网络中去，找种种借口不走向社会找工作，其中一个原因就是惧怕承担责任。

 **经验共享**

名人名言欣赏

每个人都被生命询问，而他只有用自己的生命才能回答此问题；只有以"负责"来答复生命。因此，"能够负责"是人类存在的最重要的本质。

——（英）维克多·弗兰克

每一个人都应该有这样的信心：人所能负的责任，我必能负；人所不能负的责任，我亦能负。如此，你才能磨炼自己，求得更高的知识而进入更高的境界。

——（美）林肯

一名教师关于学生责任意识培养的几点思考

★充分地利用课堂教学，抓住教材中的典型例子，唤醒学生

学生在学习的过程中，接触最多的是自己手中的教材。教材中有很多值得我们学习的鲜明的人物，尤其是某些人物的强烈的责任心深深地影响着我们，教育着我们，激励着我们。我们应该好好地利用这些难得的资源，给学生潜移默化的教育和影响，以达到唤醒学生的责任意识的目的。比如教材中《邓稼先》这篇文章，在教授时，可以让学生搜集我国历史上杰出的人物及他们的典型事迹，并分析他们杰出的内因，让学生在搜集的过程中感性地理解这些杰出人物的责任感。

★设置生活情境，抓住生活中的细节来引导学生

在生活中经常出现这样的情况，学生犯了错误之后，并不知道自己犯了错误，也不知道自己犯错的原因。因此，在生活中对学生的引导显得尤为重要。我们要善于创造一定的情景，在情景中让学生去切身地体会，让学生明确在生活中我们要有责任心，

要有高度的责任感。

前一段时间，我发现班上的学生在班级的卫生、纪律、学习等方面的责任心很差，于是我设计了这样的几个情景。上午第四节课下后，学生都去进餐了，我在教室的门口故意放置一点垃圾，在教室的讲台附近放置了一把没有摆整齐的椅子，把图书角的书籍故意打乱，等学生就餐回来后看他们有何反应。半个小时过去了，我匆匆地来到教室，等待着他们的归来。不一会儿，学生纷纷地来到了教室。不过令人遗憾的是没有一个人捡起地面上的垃圾，没有一个人把椅子放置整齐，也没有一个人把图书角整理好。待学生坐好后，我开始发话了："今天进教室有没有同学发现我来得特别早啊，有没有发现教室里有不规范的现象啊？今天是哪个组值日啊？"学生这才恍然大悟，但是不值日的同学根本不明白教室里的物品没有摆放好与自己有关系。我抓住这次机会，因势利导，对学生进行责任感的教育。学生在我的引导下逐步地明白了，我就是集体的主人，集体的任何一件事情都有我的责任。

★通过社会调查，让学生设身处地去感受，以此来激励学生

学生在明确了自己在小集体生活中的责任之后，我们还应该培养学生的社会责任感。因此，我们有必要让学生走入社会，用自己的眼睛去观察，用自己的心灵去感受，真正做一位有责任心的好公民。

在每次假期间，我都布置了一定的社会调查作业，尤其是调查社会中有责任感和没有责任感的人和现象。假期回来以后，我把他们调查搜集来的资料进行汇总、整理，然后在班上进行交流，引导学生学会观察和思考，做一个对社会、对自然有责任心的公民，让学生亲身体会到这样做的意义。同时引导学生，不仅自己要做一个有责任心的人，每个同学都还有义务和责任去宣传，去引导，让社会中的每一个都成为有责任心的人，这样我们的民族发展和飞跃才大有希望。

家长的成功案例

体验过错，强化责任

一天，女儿去琴行学古筝，在路上丢了一个古筝指甲，便打电话要妈妈给送备用指甲。"不行！"妈妈说得斩钉截铁，"自己的事情自己负责！""时间来不及了，妈妈，求求您了！""这事没商量！"妈妈说着便挂断了电话。当时正值暑假，她妈妈并不是没有时间送去，而是要女儿自己承担这个责任。女儿只好乘公交车回家拿了备用指甲，又急匆匆赶回了琴行。老师的批评使她自责而内疚。

自那以后，女儿每逢出门，都要认真检查自己要带的东西是否带齐。因为她知道，如果再犯类似的错误，家人是不会帮助她的，她没有任何依赖，一切要靠自己。妈妈一次"狠心"而理智的拒绝，使她养成了许多好习惯。她每天晚上便将第二天要用的东西整理齐备，上学忘带东西的情况很少发生。更难得的是，她逐渐对自己的事、学校的事、家里的事都有了一份责任心。

到农村老家去体验

我们有一对双胞胎儿女，现在上初二了。两个孩子从小学习就比较努力，成绩在班里一直名列前茅。但是，我们发现他们都缺乏社会责任感，对自己的事十分关心，自己以外的事就不闻不问了，特别是谈到贫困山区孩子的生存状况时，态度很冷淡，更谈不上帮助他们之类的同情心和责任感了。

为了培养孩子有一份善良之心，有一份社会责任感，我们尝试了不少方法。我们首先通过媒体帮助孩子了解社会，看到电视或报纸上有关失学儿童的报道，我们就及时提醒孩子收看和阅览，让他们有种感性认识。然后，我们再带孩子到农村老家或亲戚家，与那里的孩子一起生活一段时间，体验偏远山区的生活，让他们感受到自己的生活条件是多么优越，唤起他们的同情心和社会责任感。接着，我们再进一步教育他们要努力学习，为改变这种落后状况而作出自己应有的一份贡献。

多读书，多看报，多学习，特别是深入生活实际，多到农村与山区孩子的生活作一些比较，对培养在城市中长大的孩子的同情心和责任感大有好处。让他们亲身感受生活，这是单纯说教所不能代替的。只有从小培养孩子的责任感，他才能发奋读书，将来报效祖国。

 **自我检测**

孩子缺乏责任感与家长的教养方式有很大的关系。下面的镜

头中有您的影子吗？

镜头一：妈妈正在帮孩子收拾书包。

镜头二：上学前，爸爸帮孩子搬自行车。

镜头三：放学了，妈妈接过孩子递过来的书包背在自己身上。

镜头四：妈妈帮孩子洗内衣。

镜头五：妈妈生病了，妈妈让孩子给自己倒一杯热水，孩子却说："你自己不是有手吗？"

镜头六：爸爸满头大汗地给孩子的自行车打气，孩子在一旁悠闲地看着。

测一测，你是一个负责任的人吗？

1. 与人约会，你通常准时赴约吗？

2. 你认为你这个人可靠吗？

3. 有了零钱，你会储蓄吗？

4. 发现朋友犯法，你会通知警察吗？

5. 出外旅行，找不着垃圾桶时，你会把垃圾带回家去吗？

6. 你经常运动以保持健康吗？

7. 你忌吃垃圾食物、脂肪过高和其他有害健康的食物吗？

8. 你永远将正事列为优先，再做其他休闲活动吗？

9. 看见别人争吵，你去劝解吗？

10. 收到别人的信，你总会在一两天内就回信吗？

11. "既然决定做一件事情，那么就把它做好。"你相信这句话吗？

12. 与人相约，你从不会耽搁，即使自己生病也不例外吗？

13. 你以前没有犯过法吗？

14. 你从不拖延交作业吗？

15. 你经常帮忙做家务吗？

记分方法：

所有题目，答"是"记1分，答"否"记0分。

说明：

如果你的分数是10～15分，就是个非常有责任感的人。你行事谨慎、懂礼貌、为人可靠，并且相当诚实。

如果你的分数是3～9分，大多数情况下，你都很有责任感，只是偶尔有些率性而为，没有考虑得很周到。

如果你的分数是0～2分，你是个完全不负责任的人。你一次又一次地逃避责任，造成工作、学习经常不长久。

第五章　拨开云雾日月现——
帮孩子走出厌学的泥潭

心情日记

一上初中，我就像铆足了劲的弦一样，一个字——拼，两个字——火拼。可是，三年了，我最好的名次是班里第21名。爸爸妈妈对我一直不满意，他们认为我还不够努力，于是给我请了各科家教帮助我，要求我初三寒假前必须进步到班级前十名。我觉得我已经努力到自己的极限了，可是，寒假考试比期中考试还糟，竟下降了十几个名次。爸爸妈妈骂我没有出息，一点都不像他们的儿子。

寒假，我想和同学出去放松放松，可是没有得到他们的允许。"你还有脸出去玩？我都替你害臊！"妈妈的话刺耳又刺心！新学期开学没几天，我突然就感到这种追逐是那么的累，像泄了气的皮球一样，对一切都索然无味，当然也就没有了学习的动力和兴趣。爸爸妈妈先是骂我，然后就是唉声叹气，再然后就是小心翼翼的，在我面前连大声说话都不敢，他们一度怀疑我精神出了问题。我对他们很失望，很愤怒，很……

 内心独白

寒假后开学第三周，儿子再也没有踏进校园。他不上学，天天自己一个人憋在家里，除了看电视、上网，就是睡觉，其他的什么也不做。起先，我们并没有在意，以为让他在家待两天，缓缓就能过去了。可是，情况似乎越来越糟，孩子大门不出二门不迈，连白天在家都要拉窗帘。我们担心孩子精神出问题，就试图让儿子看心理医生或者心理老师，但一提什么心理医生或者心理老师，他就会暴跳如雷，甚至摔打东西。

现在，我们每天都提心吊胆，唉，早知今日，当初就不逼他了！升不了学就算了，只要孩子身心健康就好！可是，现在连这个都是奢望了，真不知道这样的日子什么时候才是个头……

 教育故事

前不久，我在孔老师的报告会上买了本《你的身边有我》，两口子轮流看，希望从书中找到解决孩子问题的办法。可是，没有想到，儿子突然在一次早饭时间低着头对我说："我想见孔老师，你们能不能帮我联系一下？"我真是喜出望外，立即拨通了热线电话。

孔老师说，对于主动求助的孩子，她总是心怀一份感动，于是，放弃了一个重要的活动，当即定下了约谈的时间。

孔老师拿过孩子填写的咨询登记表，只见上面简单地写着：笔名——"无望"，咨询问题——"厌学"，咨询目的——"上学？"

孔老师温和地看着孩子，正打算开口，孩子却先开口了。他说："孔老师，我看了您写的书，我觉得您是可以信任的，而且是可以帮助我的人，所以我有一种想和您谈谈的冲动。说实话，您和我想象的不一样。"

"非常感谢！"孔老师真诚地对他说，"我很想知道，在你的想象中，我是什么样子的？"

"满头白发，满脸皱纹，满面慈祥。"孩子眯着眼睛，轻叹一声说。

孔老师笑了，说："我还不够老，是不是让你失望了？"

孩子摇摇头说："没有，我没有想到您这么年轻就这么有成就。我真羡慕您！"

"你不必羡慕我，"孔老师说，"我的年龄将近是你的三倍，等你和我这么大年纪的时候，还不知道有多大成就呢！"

孩子眼睛里充满了疑惑，他说："不可能吧？您知道吗？我都快三个月不上学了。我知道学习的重要性，但我就是对学习没有了丝毫兴趣，甚至一看到书本我就头疼，我哪里还有未来啊！"

"可是，你在咨询目的一栏里写着'上学'两个字，可见，你的心里还是有梦的。"孔老师说，"有梦的人就一定有未来。"

"可是，光做梦不行啊！"孩子十分苦恼地说，"关键是行动，不是吗？"

"当然，"见孩子主动探索他的问题，孔老师立即将话题引入正题，说，"但是，你能告诉我是什么阻碍了你的行动吗？"

"记得小时候，妈妈领我看天上的月亮，我摇着双手说我要摘天上的月亮，妈妈笑着说我，傻孩子，月亮是摘不到的。"孩子无限伤感地说，"可是，等我长大了，爸爸妈妈却逼我摘天上的月亮。我用尽了力气，可是，我根本就不可能摘到啊，他们就骂我没有志气，没有出息，不像他们的儿子。"

"你说的月亮是不是爸爸妈妈对你的期望目标？"见孩子痛苦地埋下头，孔老师把他的问题明确化。

孩子抬起头来，眼睛有些潮湿，他说："是啊，我一上初中，爸爸妈妈就把我的目标锁定在升重点高中，而且只许成功，不许失败！"

孔老师看着他的眼睛，十分温和地问他："你努力过了，但离目标很远，是吗？"

"是啊，不是一般的远。"孩子说，"我对父母也很失望，就想报复他们，但是，看了您的书后，我第一次意识到我报复的不仅仅是他们两个，更有我自己。他们都 40 多岁了，可我还这么年轻，我这样下去什么时候是个头啊？孔老师，您说我应该怎么做？我还能回到学校去吗？"

孩子看向孔老师的眼睛里充满了期待。

孔老师使劲朝他点点头，说："孩子，一个人一辈子哪有不摔跤的？一个人摔倒多少次都不可怕，可怕的是没有爬起来的勇气。只要你有勇气爬起来面对自己的问题，我想，如果上帝存在的话，上帝都愿意为你鼓掌！孔老师今天第一个把掌声送给你，相信自己！孩子！"

"您认为我还有考上重点高中的希望吗？我还有未来吗？"孩子的眼睛里有泪花在闪动。

"你的希望大得很呢！"孔老师以十分坚定的口气对他说，"但是，孩子，有一个问题需要你重新认识，一个人成功的标志不在于考取什么重点高中。无论哪所高中，走向成功的人都大有人在，当然，无论哪所高中，也都有人最终一事无成甚至走向了毁灭。如果你不信，可以去作调查。所以，你要有这样的胸怀：考不上实验就考一中，考不上一中就考七中，实在发挥不理想还可以考虑职业学校，学个一技之长。只要你不放弃，总有一天，你会摘到你心中的那个月亮！"

听了孔老师的话，孩子十分激动地站了起来，他说："孔老师，您说的话太精彩了！您给了我力量！以后我少不了还要麻烦您，我希望您不要拒绝我！"

孔老师欣慰地笑了，说："孔老师的大门为每一个愿意求助的孩子敞开着。"

见有人来，孩子很有礼貌地说："孔老师，您这么忙，我就不打扰您了，我回去后会好好想想您说的话，一个礼拜后我再来见您，您看看那时的我有没有改变！"

孔老师笑了。

 **专家课堂**

一、 孩子厌学的症结（摘自《孩子厌学怎么办?》）

1. 综合分析

孩子厌学作为一种常见的社会现象，已越来越引起广大家长和教育研究工作者的重视。许多父母因为孩子厌学而费尽心机却收效甚微，许多学校也对孩子的厌学爱莫能助。可以说，纠正孩子厌学已成为今天孩子教育方面的重要问题之一。然而，要纠正孩子厌学，不找出造成厌学的根本原因是不行的。那么，造成孩子厌学的原因究竟都有哪些呢？据专家分析，主要有以下几个方面：

其一，伙伴关系不良。伙伴关系不良是导致孩子心情紧张、害怕学校进而引起厌学的一个重要因素。它有时是暂时的，有时则转化成长时间的压力与紧张。因此，要教会孩子处理好同学关系，与同学真诚相处。只要真诚相处，关系就会良好，否则，势必影响学习情绪。

其二，交友不当、黄色诱惑、不良迷恋等也是构成孩子厌学的主要因素。这要引起广大家长的足够重视，要及时消除隐患，正确引导，以防止孩子走向委靡。

其三，学习动机不正确、内驱力不足、没有目标等是引起厌学的重要因素。这些因素实际上也是由其他原因引起的，应及时给孩子以正确引导。

其四，教师的因素。教师的教学不当、态度粗暴、处理事情不公正等都会导致孩子厌学，但这种厌学往往具有学科特点，不具有整体性，家长要及时引导孩子找出原因，正确对待。

其五，教学内容太难，学习中失败的记忆太多，导致认为自己就是不行，也会引起厌学。处理的策略与方法是查漏补缺，变失败为成功，这时聘请家庭教师不失为一个好办法。

其六，家长要求不当。要求太严、太高或太松，都可能导致厌学。要求太高，孩子一时达不到，会失去兴趣；没有要求时，孩子又会转移注意力，不把精力放在学习上，也导致厌学。处理的方法是家长应该针对自己孩子的智力情况等实际因素制订切实的目标。

其七，家庭不和睦，父母离婚、吵架等都能导致厌学。解决的办法自然是给孩子创造温馨和睦的家庭气氛。

以上种种因素都是导致孩子厌学的根源，严重干扰着孩子对知识的学习和对人生的追求，阻碍和影响孩子的健康成长。家长必须针对具体原因，对症下药，帮助孩子从厌学的泥潭中走出来。

2. 具体症结

（1）缺乏理想。人是要有理想和追求的。在孩子的生命进程中，理想是熊熊燃烧在孩子心中的火炬，它照亮了孩子前进的道路；理想是前进中取之不尽、用之不竭的力量源泉，调动蕴藏在我们心底里的潜能，将我们的感知、记忆、思维、情感、意志等心理活动汇聚为一种合力。古人云："人若志趣不远，心不在焉，虽学而无成。"

一个缺乏远大理想的人，不会懂得生活的真正意义，只能是情绪低沉，行动无力，昏昏沉沉，虚度一生。苏联著名作家高尔基说过一段形象而又深刻的话："当大自然剥夺了人类用四肢爬行的能力时，又给了他一根拐杖，这就是理想。"请每一位家长将这句话推荐给你的孩子，让他们明确：人是需要有理想的，理想是人的"拐杖"——精神支柱，青少年若缺乏理想与追求必然会陷入厌学的沼泽。

（2）丧失信心。缺乏信心，自卑消沉是导致厌学的重要因素。丧失了信心的孩子往往在主观上就怀疑自己的能力，说自己不是学习的料，没有哪一科会学得好；只看到其他同学所取得的成绩，但却看不到人家为了现有的成绩而付出的努力和代价。在自己比不上对方的时候，就觉得自己不行而坐立不安，低估自己的能力，认为自己什么事情也做不好，破罐子破摔。但凡做一件事情，总是朝着坏的一方面想，结果小心翼翼的却总是出错，并且有时对某一学科失去了信心，就觉得与之相关的任何东西都不顺眼，心情烦躁，从而厌恶学习。

（3）家教失误。

其一，对孩子过多地指责和冷嘲热讽。

比如，孩子经常听到家长这类的训斥："你光知道玩，一点也不用功。""你天天到学校是干什么去了？怎么一考试就考这么点分？""玩起来你倒是挺起劲儿的，怎么一说学习就打蔫了呢？"毫无疑问，这样的责备总是让孩子把学习和不愉快的情绪联系起来。慢慢地，孩子自然就讨厌学习了。

其二，家长过分重视孩子成绩差的学科，使孩子丧失了学习的兴趣和信心。

其三，过于关注学习的外在目的，使孩子感受不到学习的乐趣。

比如我们经常能听到父母这样要求孩子："努力啊，你要在班级里考到前十名才行。""有好成绩，你才能考上重点高中，升上重点大学。这样，你的前程就不用发愁了。""先苦后甜，现在虽然苦一点，但是将来有一个好前途，是值得的。"对于一个初中生来说，要让他坚持多年寒窗来换取将来的光明前途，是太抽象、太遥远了。将来到底是怎样的？为什么要用现在的"苦"来换取那个虚无缥缈的"将来"呢？

其四，将孩子的学习成绩与班里其他同学的成绩相比。

有些父母热衷于将自己的孩子和别的孩子相比。考试过后，他们不关心孩子是否比以前有进步，什么地方还没弄明白，而是说："你怎么又是 26 名？怎么就不上进呢？"慢慢地，孩子厌倦了，总认为：无论他怎样努力，总是有比他学习更好的同学，父母总还是不满意；学习就是为了考一个好成绩，排一个好名次。强中自有强中手，有几个孩子能总是拔尖呢？

（4）进取心遭受打击。从客观上来说，哪个父母不希望自己的孩子是乐观向上、积极进取的呢？可问题是，在怎样帮助孩子建立进取心的方法上，有不少家长操之过急，甚至于走极端，结

牵手两代

父母课堂

果事与愿违。

孩子上学了，考试成绩便牵动了家长的心，甚至成了大多数家长最关心的头等大事。这本无可厚非，可是，一旦孩子出现成绩下降的现象时，家长就表现得急躁、盲目，这是非常不理智的。

进取心是孩子学习的动力，许多孩子就是因为丧失了进取心才开始厌学的。因此，家长应该懂得，在任何情况下，都不能打击孩子的进取心，特别是在孩子的成绩有所滑落时，更应通过鼓励和引导使孩子重新树立起自信心。这是防止孩子产生厌学情绪的最好方法。

二、 导致孩子厌学的家教误区

1. 重言教、轻身教

"身教胜于言教"这是古训，是我国传统家教的重要经验，很值得现代人发扬光大。目前有不少的家庭教育忽视身教，有的甚至只是重视言教，这会产生负面效应，很难获得良好的教育效果。

现在的父母都渴望孩子学习好，将来能考上大学。因此，父母一再叮嘱孩子要好好学习，可是自己下班回来就看电视，一看看到十一二点；或者一到双休日，家里来人玩麻将，一玩一整天，并且几支"烟枪"闪亮，此起彼伏，把屋里搞得乌烟瘴气。在这种家庭环境中生活的孩子能有学习的热情吗？他们的学习积极性能不受到影响吗？在这种家庭环境中，孩子怎能不产生厌学情绪？

中国传统家庭教育主张"身教胜于言教"是非常有道理的。不但要言教，而且要身教胜于言教。这样孩子通过模仿大人的行为、动作、习惯，就可以逐渐养成同父母一样的优秀品质、优秀作风、良好习惯。如果父母有不良的习惯，孩子也会通过模仿等方式加以学习。现在有些孩子的不良个性、品质、习惯与父母对孩子的影响有密切关系。哪个父母不希望孩子有良好的个性和习惯？而为人父母者的不良习惯不但使自己受害，更使子女受害，甚至影响孩子的一生。

只重言教，轻身教，肯定收不到好的家庭教育效果。只有既言教又身教，并且身教重于言教，才能通过说理、模仿等心理机制产生良好的家庭教育效果。

2. 反复唠叨

孩子最怕听父母说的一句话是："快去看书。"因为当孩子听到这句话时，他的心情大都是："我正想去做呢！"却每每因为这句催促的话，反而使孩子像被浇了一盆冷水似的，丧失了读书的兴趣，产生了对学习的厌烦心理。

一位著名的数学家曾意味深长地说道："在孩子游戏时，绝对不要对孩子说'快去读书'，而当孩子在念书时，父母绝不要在一旁打扰他。"总而言之，要增进孩子的学习欲望，并不是依赖父母的督促，而是要精心营造一个让孩子想读书的环境。

3. 期望过高

现在有些家长对孩子的期望陷入了"过高，过多，过急，过早"的"四过"误区，这种观念必须更新。父母们应该明白，不可能每个孩子都上大学，从全国范围看，上大学的人毕竟是很少的一部分，大多数人是不能上大学的，但还是有别的路可走，而且对于孩子的成长，不能认为成为什么"家"才是人才。俗话说"行行出状元"，对孩子的期望要实事求是，因势利导，顺其自然，要设身处地地为孩子排忧解难，而不要硬逼孩子，不要无休止地对孩子要求这个那个，不切实际地急于求成。拔苗助长只会事与愿违。当家长无休止地对孩子期望要求时，孩子的反感就必然要产生了。时间一长，随着这种反感的积累，厌学也就渐渐成为一种对父母高压的自然反应了。

不妨换位思考一下，如果孩子天天这样不切实际地要求父母，结果又会如何呢？

有一位家长，他曾经和孩子试着换个位置，孩子当父亲，父亲做孩子，孩子向父亲提问题："人家挣三千元，你怎么挣一千五呢？人家住三居室，你怎么住筒子楼呢？人家有高级职称，你怎么还是助理呢？"这位父亲虽然很有涵养，但最终还是受不了孩子这样的提问而大发雷霆。他认为儿子怎么能不看实际情况一味地要求父亲挣大钱、住好房、有高级职称呢？因此悟出道理，对孩子的要求要合情合理，要实事求是。

孩子最忌讳家长当着别人的面说他不如别人，说他不好。家长应该客观、现实地去比。如果孩子有毛病，不要只是责怪，应该多想怎样去帮助他。家长应当坚信天下的孩子都是好孩子；如果家长在孩子遇到困难时都诚心诚意地说："孩子，你能行!""孩子，我来帮助你!"孩子一定会信心倍增，而且十分愉快地去努力。

中国的父母望子成龙的心情特别迫切，父母对子女期望值过高已成了一种特殊的病态。诚然，望子成龙是每个做父母的愿望，但如果家长期望值背离了社会需要和孩子身心发展的内在规律，就会严重影响孩子的性格发展，影响孩子的身心健康。

4. 重重施压

现在不少父母都在给孩子学习上重重加压。有的父母要求孩子数学考多少分，语文考多少分，英语考多少分等，有的父母要求孩子考上某某高中，某某大学等等。这种过分的要求和期望，无形中给孩子增加了一份心理重负，有许多孩子为此产生了厌学的情绪。

可以说，在现实生活中，父母干预孩子的学习，给孩子增加学习压力的事件非常普遍。当然，父母为孩子加压，心是好的，但效果常常令人沮丧。干预的结果是束缚了孩子智力的发挥，束缚了孩子潜力的发掘，使他们喘不过气来，只是忙于完成各种作业，机械重复地背诵一些东西，这不仅阻滞了孩子能力的发展，而且使孩子越学越累，越累越厌。

三、 积极鼓励厌学的孩子"试试看"

1. 欲擒故纵，巧用逆反心理

逆反心理在心智尚未成熟的孩子身上表现得更为突出，如果父母善于利用孩子的逆反心理，则可帮助他们更好地学习。对于孩子来说，反抗就是反抗，根本不用讲道理，这就是孩子的心理模式。然而，家长们平时一般却都不停地要求孩子"快去学习"。那么，结果如何呢？不要说孩子的厌学情绪丝毫没有得到改善，可能还会激发孩子们的反叛心理。

在治疗孩子的厌学症的时候，有时也需要利用这种逆反心理。试着把平时高举的"快去学习"的标语改换成"不许学习"，甚至可以故意刺激孩子，"既然你不喜欢学习，那就不要学习算了"。那么，孩子也许会说"我偏要学习给你看"，于是他却可能主动积极地坐到书桌前面了。下面两种利用孩子逆反心理的方法，家长不妨一试，但并不保证一定有效：

其一，故意刺激孩子，用"你大概不会做吧"来激发他的好胜心。比如，可以同时买一本简单一些的习题集和一本稍微难一些的。先给孩子做那本简单的，然后，把那本难一些的拿出来，在孩子眼前晃一晃，说："这本你现在还不会做。"这样孩子与生俱来的逆反心理就被激发了，他很可能马上就说："我当然会做了！"这时再半信半疑地把那本难一些的习题集递给他。孩子既然已经宣布自己会做，就只好努力学习认真做了。

这样激励孩子不断地向比自己的水平略高的目标挑战，渐渐地孩子就会喜欢上学习。

其二，在开始学习之前，先让孩子彻底远离学习。在管理孩子的学习的时候，让孩子在一段时间内完全远离书本，也是一个好办法。刚开始的时候，孩子多半会很轻松惬意地玩耍，时间一久他们就会感到不安，同时对学习的欲求越来越强烈，甚至会自己主动提出来要学习，这时再允许他们学习。由于对知识如饥似渴，真的像是久旱逢甘霖，孩子一定会非常认真，把全部精力投入到学习当中。

2. 联系日常生活，让孩子轻松乐学

讨厌学习的孩子多少都会有类似学习有什么用的疑问和不满。其实，家长又何尝不是这样。当被孩子问到"学这些东西有什么用"的时候，家长有时也不能很自信地做出回答，最多找一些类似"不好好学习的话，今后考大学的时候要吃苦的"，或者"找不到好工作"之类的理由。

孩子是坦白的，对于有用的东西他们会接受，而他们认为没有用的东西就会拒绝。因此，要想让孩子增加学习兴趣，首先要使他们了解到学习和自己的生活是密切相关的。

下面就是一些把生活与孩子的学习联系起来的方法：

其一，让孩子参与制订家庭旅游计划，培养孩子对地理的兴趣。

比如，全家去旅行的时候，可以让孩子来订立旅行计划。不用做得很复杂，比如旅游路线的设计、关于目的地的观光指南等。这样一来，孩子一定就会去翻地图、查地理课本，不知不觉当中学习了地理课，说不定从此就爱上了地理课。而且，让孩子来订立计划，他就自然会担负起领导责任。这样既能够让孩子学习，又培养了他的积极性，是一举两得的好办法。

其二，让孩子帮助爸爸做剪报。

有一位作家曾经说过，他小的时候爸爸经常让他帮忙做剪报，所以他开始对身边的事情产生兴趣，奠定了事业的基础。在做剪报的时候，孩子就会去阅读，虽然读懂的东西不多，但也是一种学习。而且，孩子也可以看到爸爸仍然在不断地学习，这给孩子带来的刺激作用是不容忽视的。

人们经常会说，孩子是看着父亲的背影长大的。所以，即使没有人天天督促，如果看到家长每天都在学习，孩子也就会对学习产生兴趣。可见，家长在日常生活中的言传身教对于帮助孩子养成良好的学习习惯至关重要。

其三，带孩子去博物馆的时候，家长也要兴致勃勃。

有很多家长为了让孩子开阔视野、增长知识，带着孩子去博物馆。但是，这个时候家长往往过于强调教育目的，好像自己完全是为了孩子不得已才来的。这样，孩子也就会没精打采。有些家长则饶有兴味地参观，这样孩子也就兴奋不已。如果家长表现出很大的兴趣的话，孩子也就会很自然地发现学习的乐趣。

其四，每天都争取有十分钟左右的时间，全家坐在一起学习。

孩子在家里一个人坐在书桌前面的时候，他们往往会想，为什么只有我必须学习呢？特别是当他看到别人都在玩的时候，他很可能心不在焉，甚至干脆放下手中的作业而去玩起来。可以说，孩子的这种心理作用加深了他们的厌学情绪。

反过来利用这种心理作用也是治疗孩子的厌学症的一个方法。比如，每天哪怕只抽出十来分钟的时间，全家人都学习。那么，孩子就不会对自己学习心存抱怨了。同时也可以让孩子体会到大家一起做同样的事情是件很快乐的事情。

其五，和孩子一起散步的时候，去书店转转，看看不同种类的书。

在和孩子一起散步的时候，可以绕到书店附近，提议和孩子一起进去转一转，带着他到各种图书架前，随手拿起图书来翻一翻。孩子一开始只是随便看一看，时间久了就会发现一个奥妙无穷的知识世界。

3. 积极的自我暗示：在孩子的心灵上播撒成功的种子

有位名人曾说过："意识就像一块肥沃的土地，假如不在上面播下成功意识的良种，就会野草丛生、一片荒芜。自我暗示就是播撒种子的控制媒介。一个人可以经由积极的心理暗示，自动地把成功的种子和创造性的思想灌输进潜意识的大片沃土之中；也可以灌输消极的种子或破坏性的思想而使潜意识这块肥沃的土地野草丛生。"

一位被医生宣判"死刑"的癌症患者，心里根本不相信自己会死，即使是疼痛难忍的时候也一样，他在自己的床头上贴上"身体健康""精神愉快"这两句话。几个月后复查时，结果出乎医生的预料，他的病情竟然奇迹般地出现了好转。今天的医学界，已经越来越相信"身心相连"了，即身体和精神是紧密联系的，精神的改善，会带来身体的改善；反之，意志消沉，身体也会变得有气无力。

为此，在孩子的学习方面，家长要善于对其进行积极的自我暗示的教育，这会坚定他们的学习信心，改变他们的厌学观念，对提高孩子的学习成绩有着神奇的效果。一位教育心理学家指出："一个负面的自我形象，自己认为自己不行，认为自己很笨，认为自己学不好是许多成绩差的学生学习落后的主要原因。只要他们肯改变自我形象，他们的学习能力和学习成绩也一定会改变。"像那位病人一样，要取得学习的进步，首先就要相信自己，要不断地鼓励自己。

最简单的方法就是每日在身心松弛的状态下，自己默念一些鼓励自己的话，比如"我的学习天天在进步""我很喜欢数学，我的数学会越来越好""我很喜欢英语，我能够讲很流利的英语""我不偏科，我的各科成绩都平衡发展"等等，同时，想象自己取得良好成绩后的快乐景象。每日一次，每次两三分钟，不久就会发现，学习状况真的在改变。因为这些鼓励性的正面话语会在自己的心中改变不善学习的自我形象，树立自信心。无论是谁，良好的正面形象都会产生不可思议的力量，从而使自己达到既定的目标。

为了使孩子能不时地得到鼓励，可以让孩子在书桌旁、卧室内贴上一些激励性的警言，如"我的学习天天在进步"之类的话语，这样一定会增强孩子的学习动力，使孩子轻松地取得进步。

4. 创造机会：让厌学的孩子体验成功的喜悦

美国心理学家詹姆斯曾经说过这样一句话："人并不是因为悲伤才流泪的，人是因为流泪才更加悲伤。"根据这种说法，可以说："孩子并不是因为不喜欢学习才学习成绩不好，而是因为学习成绩不好才不喜欢学习的。"

有人对美国的两所小学校做了一项调查，结果发现：一所学校的学生都非常优秀，大部分学生都能够顺利地升入中学；而另一所学校都是问题学生，很多毕业生后来都进了工读学校。追究原因，后一所学校的学生经常遭到批评。学生们都有这样一种想法：反正总是被批评，早晚都是要进工读学校的。也就是说，这所学校的学生之所以走上歧途，和他们的能力、性格没有关系，而是因为他们经常遭受失败，最后就自暴自弃了。从这个实例当中不难明白减少孩子的挫败感，让孩子体会到成功的喜悦，在改善孩子的厌学情绪方面是非常重要的。因为只有学得好，才会喜欢学。

成功是培养孩子自信心的养料。不喜欢学习的孩子都有一种自卑感，觉得自己不行。所以，创造机会让孩子成功一次，就找到了突破口，以后孩子的学习态度一定会有很大的改观。当听到孩子说"不明白""不会做"的时候，父母们往往都会鼓足干劲儿，想出各种方法无论如何要让孩子明白、会做。从努力方向来讲当然没有错，但是这会越发让孩子觉得自己"不明白""做不出来"，导致孩子丧失自信心。

这就是一个恶性循环的开始。家长应该动脑筋想办法把这种循环截断。有一种方法就是在不被孩子发觉的情况下把孩子以前做过的、现在肯定能够拿到满分的问题给他做。上一个学期做过的习题，或者去年学过的东西都可以。这样孩子就有机会体会到"我会做""我做对了"的快感。通过类似的成功体验，孩子就会渐渐地恢复自信心。这样做还可以把已经学过的但还不巩固的部分又重新加强，为今后的学习扫清了障碍。

有一位中学老师，他在考试的时候不是打了分数就结束了，而是把学生们做错的问题反复考试，直到他们可以达到满分为止。无论学习成绩多么差的学生，他都耐心地引导，甚至最后让他们翻看教科书，要等学生们都打了满分才让他们回家。对于这种做法学生们非但没有感到厌烦，而且回家的时候脸上都挂着轻松愉快的笑容。

人们非常钦佩这位老师，也非常理解为什么孩子回去的时候神态轻松。这位老师的这种一定要让孩子得满分的做法，使每一个孩子都有机会品尝到成功的喜悦。

 经验共享

放弃过高期望　感受学习乐趣

我女儿原来在班上的成绩属中上游，进入初三后情绪逐渐低落。原先女儿回到家中还能及时将在校情况与我们交流，后来却

逐渐回避我们的询问，再后来经常以身体不适为由不上学，再后来干脆对家长说自己不想上学了。

我马上与学校取得了联系，通过了解，终于明白了其中的原因。原来，问题的关键还在我们身上：我们俩文化水平都不高，因而深刻地感受到缺乏知识的痛苦，因此言语中每每流露出对女儿的殷切期望——先考上重点高中，然后再考上名牌大学。但女儿因为成绩一般，感到无法实现父母的愿望，因而情绪日渐焦虑；再加上进入初三后学习日益紧张，便逐渐对学习失去了兴趣，最后产生了辍学的念头。

找出原因后，我们及时做女儿的思想工作，使她明白，并非一定要考上重点高中和名牌大学才有出息，而考上非重点高中和非名牌大学照样能有所作为。我们又和老师一起分析了她以前的学习成绩，使她最终丢掉了辍学的念头，并逐渐找回了学习的兴趣。

少一些烦恼　多一些关爱

我女儿是个懂事的孩子，对学习很热心，平时严格要求自己，从不违反纪律。可是，自从妻子有病之后，她对学习渐渐不重视了。晚上从不做作业，有时上学还迟到。据老师反映，她上课经常走神，注意力不集中。平日里，我见她上学总是慢腾腾的，说她几句，她若无其事，弄得我很为难。

为了摸清女儿的思想根源，在我追问无济于事的情况下，我就让女儿的同学帮助我了解，原来女儿的厌学情绪是家庭景况造成的。女儿知道家里为妈妈治病债台高筑，而且越筑越高；家庭的压力使我无暇照顾孩子，有时还对孩子冷冰冰的，更谈不上关爱。因此，女儿对学习渐渐失去了信心，想辍学又怕爸爸生气，只好用消极的办法来应付学习。

了解到女儿的厌学思想根源后，我想，家长首先要给孩子创造一个良好的学习环境，同时更重要的是让孩子尽快适应家庭环境的改变，在困难中锻炼自己，树立坚定的学习信心。为此，我在改变对女儿态度的同时，还经常给她讲一些在困难中成长起来的英雄人物，如高尔基、张海迪等。其次，为了给女儿创造一个良好的学习条件，困难再大，我也尽量满足女儿的要求。学校了解到我们家的情况后，对女儿的学习给予了很大帮助。现在女儿的厌学情绪已经没有了，而且她重新找回了自我。

 自我检测

学习动机水平测试

对下列问题作"是"或"否"的回答。

1. 如果别人不督促我，我极少主动地学习。

2. 我读书时，需要很长时间才能提起精神来。

3. 我一读书就觉得疲劳与厌烦，只想睡觉。

4. 除了老师指定的作业，我不想多看书。

5. 如果有不懂的地方，我根本不想弄懂它。

6. 我常想自己不用花太多的时间成绩也会超过别人。

7. 我迫切希望自己在短时间内就大幅度提高自己的学习成绩。

8. 我常为短时间内成绩没能提高而烦恼不已。

9. 为了及时完成某项作业，我宁愿废寝忘食，通宵达旦。

牵手两代
父母课堂

10. 为了学好功课，我放弃了许多感兴趣的活动，如体育锻炼、看电影与郊游等。

11. 我觉得读书没有意思，想去找个工作做。

12. 我常认为课本上的基础知识没啥好学的，只有高深的理论、大部头作品才带劲。

13. 我只在喜欢的科目上狠下工夫，而对不喜欢的科目放任自流。

14. 我花在课外读物上的时间比花在教科书上的时间要多得多。

15. 我把自己的时间平均分配在各科上。

16. 我给自己定下的学习目标，多数因做不到而不得不放弃。

17. 我几乎毫不费力就能实现自己的学习目标。

18. 我总是同时为实现几个学习目标忙得焦头烂额。

19. 为了对付每天的学习任务，我已经感到力不从心了。

20. 为了实现一个大目标，我不再给自己制订循序渐进的小目标。

记分与解释：

上述 20 个题目可以分为 4 组，它们分别从 4 个方面考查学生学习动机的受困扰程度：1～5 题考查学习动机是不是太弱，6～10 题考查学习动机是不是太强，11～15 题考查学习兴趣是否存在困扰，16～20 题考查学习目标上是否存在困扰。

假如你对某组（每组 5 题）中的大多数题目持认同的态度，则一般说明你在相应的学习动机上存在一些不够正确的认识，或存在一定程度的困扰。

从总体上讲，答"是"记1分，答"否"记0分，将所有题目得分相加，算出总分：14～20分说明学习动机上有严重的问题和困扰，需调整；6～13分说明学习动机上有一定的问题和困扰，可调整；0～5分说明学习动机上有少许的问题，一般无须调整。

第六章　心灵氧吧——
缓解孩子的升学压力

心情日记

　　现在，我们即将中考，同学们都在争分夺秒地学习，摩拳擦掌，为中考作准备，只要稍不留神，成绩就会一落千丈。这样的学习氛围，使我不得不付出比平常多数倍的精力来面对初三，不敢有丝毫的疏忽，所有的时间都被学习填满。我像一根被拉得很紧的弹簧，不能自由地伸展。同学之间的竞争，老师家长的嘱托，使我同样感受到了巨大的压力。同时，假如我不能凭借自己的力量考入理想的中学，父母就要为我交2万元左右的入学费。对于一个并不富裕的家庭来说，2万元钱并不是小数目。物质生活所产生的压力也压在了我的心头。老师、家长都说，中考是人生中第一个十字路口。怎样才能在最后冲刺的关键时刻掌握正确的学习方法，让自己选择一条属于自己的道路？怎样才能减轻自己的心理负担，用最好的精神状态迎接中考？面对升学所带来的巨大压力，我感到无所适从。

　　还记得我刚升入初三时，老师的叮咛，家长的嘱托，并没有引起我太大的注意，我总认为初三并不像他们所说的那样艰辛，因此，我并没有用尽全力，而是像初一、初二那样，用旧的学习方法学习。但是，第一次月考后，退步了70多名的成绩引起了我的重视。它使我不得不改变学习观念，重新奋斗。于是，在第二次月考来临前，我重整旗鼓，争取能在考试中取得进步。但在激烈的竞争中，每一个小小的进步都要有辛劳的付出，于是，同学间又多了一个埋头苦学的身影，夜深人静时，又多了一盏明亮的

第六章　心灵氧吧——缓解孩子的升学压力

129

灯。在巨大的压力面前，我不得不拼命学习，每晚学习到深夜。然而，这样做的结果是，我不但没有提高成绩，反而在白天不能专心听讲，上课无精打采，经常走神，学习效率大大降低。回到家里，爸妈也没闲着，时不时地对我进行一番"狂轰滥炸"："谁家孩子又考上哪所名牌大学啦""最近考试怎么样啊？""要加把劲了，再不努力，可就没机会了！"……父母的唠叨，更加重了我的苦恼，我不知如何是好！

内心独白

对儿子力强，我一直是比较民主的。知道他学习很累，我就尽量少唠叨他。可是最近我很烦恼，儿子在学校的什么事情都不对我说。前些日子，学校家长会后，老师特意把对力强的希望告诉了我："力强还要再努力。您在家的时候督促一下他。他再努把力，考市重点中学没有问题。你们家长也辛苦点，可要盯住了他，千万不能放松，否则重点中学没戏了！"听了老师的话，我真不知道是高兴还是着急，心里七上八下的。

回到家里，我马上把老师的话传达给孩子，没想到孩子冷着脸，不耐烦地说："我们老师把我叫到办公室说了 N 遍了，您别再跟着起哄了好不好？您别听我们老师的，我知道我是什么料！"我很生气："你们老师对你说过，你又没有对我说，我说说怎么了？我告诉你，你要考重点，一定能够考上的。"力强无奈地说："好，重点！烦人！"意识到孩子烦躁，我就不再说话了。

每天孩子都要学习到很晚，今天，孩子早早地睡了。就在这时，他爸爸回来了，一看孩子没有学习，马上不干了，冲我喊道："你怎么管的孩子，这么关键的时候，却让他睡觉。你就知道惯孩子，考不上好学校，都怪你！"我看了一眼他爸爸，又望望孩子的房门，觉得他说的也有道理，就走过去敲孩子的房门，刚叫了一句："儿子。"就听孩子在房内喊道："烦不烦呀！明天我可不起床了！每天我都睡六个半小时，今天多睡会儿怎么了？还让不让人活命了！"听了孩子的话，我觉得儿子说得也有理，就返回自己的房间。

丈夫看见我回来，叹了一口气表示不满。我连忙说："明天再说，我一定催他学习。"

丈夫问："期中考试成绩怎么样？"

我拿出力强的成绩单念叨着："数学110分，语文99分，物理89分，英语101分，还好，在班里第三名。"

丈夫不屑地说："你不要表扬他，你儿子不能表扬，一表扬就会轻飘飘的，这次110分，下次90分了。越说他好，他越是没有了学习的劲头，也不熬夜了，回家来也开始不让我说话了。问他学习怎么样，他就烦。今天早晨我问他吃饱了吗，没想到你儿子说我婆婆妈妈的，这孩子越来越长脾气了。"

"没办法，孩子累了。"我忙替他争辩道，"学校的晚自习到晚上9点了，加了一个小时。"

"噢，这样就不用学习啦？你看看人家李老师的儿子，都学到晚上 12 点！不抓紧时间，就要落在别人后边了！"

想想丈夫说的也有道理，唉，我这个做妈的夹在中间，真不知道如何是好！

 **教育故事**

满脸愁云的妈妈拉着孩子的爸爸进了孔老师的办公室。

"您的孩子上次考试成绩怎么样啊？"孔老师先问。

"考了班里第三名。"妈妈笑着回答。

"这不挺好的嘛，他的成绩一向稳定吗？"

"还行，我觉得他对自己要求挺高的。我也告诉他了，要他考重点高中。"

"啥呀，现在都知道偷懒了，早上睡到很晚才起。"爸爸插言。

孔老师笑了笑："哦，看来你们两口子对孩子的要求还不一样呢。"

"他爸对他要求太严格了！"妈妈小声说。

"你就知道惯孩子！"爸爸争辩道。

"你们两位先不要急着争论谁是谁非，我想知道，孩子是不是也经常学到很晚？"

"嗯，这倒是，有时候我们睡着了，他还在学习。"

"这就是说，孩子并没有您说的那么懒，是吗？"

"可是，总觉得他不如人家的孩子刻苦。"

"学习不在于时间长短，关键在于效率，如何用较少的时间达到同样的学习目标，这是应该追求的。你们的孩子学习成绩一贯较好，自己也有紧迫感。对这样的孩子，家长就要少给压力，甚至不给压力。孩子自己心里会有数的。"

"现在的孩子，你如果不给他们压力，他们就轻飘飘的，很可能就不思进取了！"

"您有点不相信自己的孩子。如果孩子不思进取，他能取得前三名的好成绩吗？"

"我是怕他思想上松懈，那样就前功尽弃了。"

"我当然能理解您的担心。可是，您的孩子自己有紧迫感，他会抓紧时间学习的，除非您让他觉得喘不过气来！"

"啊？有这么严重吗？"夫妻俩互相看了一下。

"您就像拿着紧箍咒的唐僧一样，您天天给孩子念紧箍咒，您想想孩子会有怎样的感受？如果你们不改变自己的做法，孩子最后不是对你们烦透了，从而厌倦学习，就是被压力压垮了，从而惧怕学习。这两种结果你们要哪一种？"

"哪一种我们也不想要！"夫妻俩几乎异口同声，"您说，我们该怎么改变自己呢？"

"其实很简单，例如交谈时少问学习，多一点时间陪孩子看看电视，娱乐一下；遇到孩子烦躁的时候，家长不要过多地批评或教育，可以离开孩子的房间，给孩子一个空间独处一会儿，或者开开玩笑岔开话题，就可以了。"

"哦！"

"还有，你们应该鼓励孩子多运动，学习之余多玩一会儿，看看新闻和科技节目，分散一下精力，也让大脑休息一下，这样才有精力投入到下次的学习中去。另外，刚才听妈妈说要孩子考重点。但家长和老师的希望都不如孩子自己的愿望更使孩子有动力。心思重的孩子对老师和家长的期望不会不予理睬，反而会很上心，心理压力会加重，但孩子本身的愿望不见得强烈，这就容易产生心理问题。孩子如果自己想上重点学校，孩子会给自己施加压力的。"

"孩子自己应该也想考重点。"

"你们问过他吗？"

"这还用问吗，谁不想上重点啊！"

"这可不一定啊，你们可以采取和孩子探讨的方式，引导孩子说出心里话。如果孩子自己想考重点，那么家长应该表示支持；如果孩子信心不足，可以给孩子打打气，多鼓励孩子；如果孩子说不想考，您把您的期望说出来，供孩子参考就可以了。"

"还有呢？"

"还有就是，多关心孩子的生活，让孩子吃好，休息好，就是给孩子最好的支持。考试是孩子考，学习是孩子学，家长的作用就是做好后勤工作，学习的事情家长能给予的帮助其实并不大。"

"的确是这样！听您这么一分析，我们心里踏实多了，我们回去后会好好琢磨琢磨，尽量给孩子一个宽松的家庭环境，不给孩子施加太大的压力。"说完，夫妻俩笑着走出了办公室。

专家课堂

一、 中学生心理压力的来源

几乎每个学生都会觉得有压力，随着年级的不断升高，中考、高考的临近，这种压力也愈来愈大，而且随着压力产生的种种问题也就成为困扰学生的最主要的心理问题。一种现象的产生，总是有其原因的。中学生的心理压力从何而来？分析起来，其原因可以归纳为以下四个方面。

（一）外在原因

1. 来自学业的压力

个案一：学生甲上中学后，由于学习负担加重，科目增加，他上课时跟不上老师的速度，问题像滚雪球一样越来越多，每天开夜车，学习效果却收效甚微。长期超负荷的压力，产生过度疲劳，患了神经衰弱。学业压力无疑是中学生心理压力的主要来源。进入中学后，学习负担加重，表现为科目增加，对学生的自学能力要求增高。一些学生从一开始没有很好地加以调整，以适应急转弯时期，感到压力很大。

2. 来自同学的竞争压力

个案二：学生乙学习成绩很好，平时测验成绩总名列前茅，但是却十分担心别的同学超过他，于是整天一分一秒也不放松学习。由于长期处于紧张状态，且时时害怕别人超越，焦虑过度，渐渐地，思想不能集中，不能正常思维，满脑子是问号："有人超过自己怎么办?"久而久之,一个学习成绩名列前茅的优秀学生发展到无法坚持正常学习。这是一种来自同学的竞争压力。压力过大时就产生了严重的紧张情绪,焦虑过度,影响正常的学习和生活。

3. 来自考试的压力

个案三:学生丙平时上课注意听讲,学习成绩稳定,但是一遇到重要考试时就非常紧张,考前吃不好睡不香,经常生病,考试时更加紧张,拿到试卷便思维迟钝,平时得心应手的题目,一下子答不出来,大脑一片空白。考试是评定学生成绩的标准,直接关系到学生能否升入高一级学府继续学习,关系到终身前途。因此大大小小的考试对学生产生督促作用的同时,也造成了不小的压力,考试前和考试中,每个人都感到紧张,个别人出现过度焦虑现象,记忆力下降,学习效率差。

4. 来自父母的压力

个案四:学生丁在心理咨询中说道:"我的家庭环境十分优越,我有自己的房间,爸爸妈妈为我买了各种参考书,我的任务就是学习,家务劳动从来不让我动手。因为怕影响我学习,爸爸妈妈很少看电视,平时说话的声音压得低低的,很少听到他们的欢声笑语。可哪里知道,在这坟墓般的宁静中,我背负了多少的心理压力,我怕考试,我怕自己成绩不好,对不起父母。"家长为孩子创造条件是必要的,但做得过分只会让孩子感到压抑,适得其反,增加无形的压力。

（二） 个人原因

学业、考试等方面固然造成了很大的压力，但是同样的压力，个人所感受到的压力程度却不同，这与个性特质有关。

1. 自我概念差，自卑心理严重

自我概念差的人，自我肯定不足，因为他的自我全靠别人来肯定，他的喜怒哀乐受制于别人对他的赞赏或贬损，喜欢和别人比，遇到挫折常常自责，自己瞧不起自己，这样的人生活得非常痛苦，容易有挫折感，导致心理压力产生。

2. 个人成就目标过高

在正常情况下，成就目标是配合自己的能力和环境条件来制订的，有达成的机会。但自我压力要求过高的人，常常不切实际，而且对事情的得失成败很在乎，得失心重，因此觉得压力很重。

（三） 来自学习方面的原因

首先，学习方面给孩子造成心理压力的主要因素是：考试、成绩排名、学习方法。考试时适当的紧张是有益和正常的生理反应，但过于紧张或害怕等情绪容易形成沉重的心理压力，不利于在考试中发挥正常的水平，树立自信心。成绩是学习效果的反映，学生对于成绩的关心和获得高分的愿望自然十分强烈，却畏惧成绩排名。成绩排名于成绩优秀的学生固然是激励与肯定，同时也造成巨大的心理负担，他们必须始终保持领先地位，否则，被师长视为不正常；而成绩排名于基础差的学生更多的是一次又一次的被击败，他们受老师冷落、同学歧视、家长责备，背上沉重心

理负担，甚至自暴自弃。可见，成绩排名对于大多数学生来说是沉重的心理压力。是否掌握科学有效的学习方法也是造成心理压力的重要因素。没有适合自己的有效的学习方法，学生感到苦恼、无助，从而产生心理压力。

（四）人际关系不良

人际关系方面造成心理压力的主要因素是：紧张的亲子关系、同伴关系和师生关系。

1. 亲子关系

父母对孩子的期望目标与孩子的实际差距太大；父母平时对孩子过问很少，一旦出问题却沉不住气，采取简单粗暴或放任自流方法对待；父母不愿倾听孩子的诉说，而以家长权威压服孩子；父母爱将孩子与他人比较；父母离异或突然死亡；父母经常争吵……这些都给孩子带来一定的心理压力。

2. 同伴关系

难以处理好同学关系也会给中学生带来心理压力。中学生内心有强烈的交友需要，不少学生不知如何处理同学之间的矛盾、摩擦，或忌妒、歧视，或误解、猜疑等，为此深感烦恼。

3. 师生关系

老师的批评、不公平对待、评价不当或对学生不够理解、不够真诚则容易在师生关系上给学生造成心理压力。

二、排解心理压力的方法

中学生有一定的心理压力是正常的，但是如果长久地承受巨大的心理压力，就容易产生心理疾病，影响人的心理健康，因此应采取积极的态度，有效的方法，努力缓解压力，保持心态的平衡。如何缓解心理压力呢？下面几点建议可供参考。

1. 合理的宣泄

采取不影响他人和社会的方式，将内心的消极情绪发泄出来，然后重新投入学习和生活。比如遇到十分伤心的事，索性大哭一场，将郁闷发泄出来，感觉就会好受一些。找人倾诉烦恼。有了困惑、痛苦等压力，可以找亲朋好友或同学倾诉，听听别人的见解，通过交流能有效地缓解心理压力。有人说"一个痛苦两人分担，痛苦就减轻了一半"，这话确实有道理。转移能消解压力。在一件事情上失败，短期内又无法改变时，可以通过其他活动来弥补不能实现的愿望，或者转移注意力，让压力在其他活动中得到释放。如参加文体娱乐活动，使自己获得愉快的心情，压力就会逐渐消解。

2. 不作过分苛求

每个人都有自己的长处和短处，如果要求自己十全十美，甚至以己之短比人之长，必然压力重重。中学生应该建立悦纳自己的健康人生态度，树立适度的奋斗目标，这样更有利于健康。

3. 积极面对现实

遇到打击时，与其沉浸于痛苦中不能自拔，不如勇敢地承认现实。控制好自己的个人情绪，积极寻找对策，或许会"柳暗花明又一村"，取得满意的效果。良好的心态是心理健康的重要标志，也是素质教育的培养目标。中学生有必要掌握一些平衡心理的方法，正确面对和缓解心理压力，这将有助于他们获得健康的心理和健康的人生。

4. 不要追求完美

从认识上明白，没有理想的完美的事情或者人物，抱平常心，我努力了就好，不要过分苛求自己。每个人都有长处和短处，如果要求自己十全十美，甚至以己之短比人之长，必然压力重重。中学生应该建立悦纳自己的健康人生态度，树立适度的奋斗目标，这样更有利于健康。

5. 要学会转移注意力

在一件事情上失败，短期内又无法改变时，可以通过其他活动来弥补不能实现的愿望，或者转移注意力，让压力在其他活动中得到释放，如参加文体娱乐活动，使自己获得愉快的心情，压力就会逐渐消解。人空虚的时候最容易胡思乱想，所以可以订所谓"学习计划表"之类东西，但是也要有玩的时间，把时间安排得富有节奏感，张弛有致。这样的劳逸结合的计划表，可以让慌乱不安的心有所依托，学习生活也觉得"有理有据"，不容易感到心里没有着落。

6. 学会鼓励自己

一位男生在给孔老师的电子邮件中诉说，本来自己学习还可以，初一、初二在班里都是名列前茅。可是，进入初三后，眼看着同学一个个赶超过自己，心里就发了慌。尤其是第一次摸底考试，成绩出奇地差，自己都快绝望了。

许多中考学生，在一次次摸底考试中，因为成绩不理想而逐渐失去了信心，最终导致中考失败，这样的结果实在令人遗憾。其实，这些学生走进了一个误区——把别人当作了自己的坐标，在不断地赶超别人中败下阵来。

要取得中考的成功，考生不要盲目地和别人做比较，一定要以自己的昨天为起点，保证自己的今天比昨天掌握了更多的知识，这样就足够了。所以，不管自己的摸底考试成绩怎样，要学会正确评价自己，给自己一个合理的定位。何况，摸底考试中暴露出问题根本就不是什么坏事，正好可以在中考中避免出现同样的问题。其实，每一个人都有自己不同于别人的地方，没有必要求全责备。考生要学会自己鼓励自己，不要自己灭了自己的威风。

 经验共享

考生求助热线

努力本身就是最大的收获

孔老师：

我是一名初三的学生，即将中考，可是我的学习成绩一塌糊涂，我对学习一点兴趣都没有，每当坐在教室里就像在囚牢里一样，一看到课本就头疼。我也想过很多办法，让自己能自觉地去学习，可是都没有效果，我就是无法投入到学习中去。再有几个月就要中考了，可我一点信心也没有，我该怎么办？我真的不想就这样结束三年的初中生活，我该如何向父母交代呢？

无助的娟儿

娟儿：

你好！阅读你的来信，我感受到你内心的无助和彷徨。我愿意分担你的苦恼，为你提供精神上的支持。

中考是每一位初三学生不得不面对的一件事，不可否认，中考一定会给你带来心理上的压力。可是，你想想，无论怎样都要面对的事，为什么不选择用饱满的精神去面对呢？有一句话说得好："自信乃成功之基。"在多数的挑战中，失败者并非因为自身能力不足，而是缺乏自信。所以，在任何时候做任何事，都要首先相信自己，相信自己能行，然后付出百分之百的努力。不管最后的结果如何，努力本身就是最大的收获。

你说你的学习成绩一塌糊涂，但你没有说，你的学习是从什么时候开始变得一塌糊涂的，你认为的一塌糊涂是怎样的一种情形，这里面有没有夸大的成分，在班级中，你的成绩和名次到底在什么样的水平上，按照这样的水平，你能考上什么样的学校，如果你考不上高中，你将如何求得个人更好的发展，等等，这些问题你一定要首先弄清楚，千万不要自己吓唬自己！

如果你的每门功课都在四五十分以上，这样的成绩绝对算不上是一塌糊涂。相信经过中考前这段时间的努力，每门功课再提高二三十分是很轻松的事。如果你仅仅是从初三开始成绩变得不够理想，我想，你完全没有必要担心。初三学年大多时候是对已经学习过的知识进行复习、归类和总结，只要你静下心来，跟着老师的教学进度进行全面有效的复习，拿下中考绝对不是什么难事。如果你是从小学一年级开始到现在，成绩从来都没有好过，那也没有关系，因为说到底，人学习的最终目的是为了生存，而学习是多方面的，并不仅仅局限于学校的课程，一个人在课程学习上没有好的成绩，并不意味着没有学习和生存的能力。即使等待你的是中考的失败，那你也完全可以从失败中爬起来，重新找到自己的兴趣点和爱好，在自己喜欢干的事情上下工夫，相信总有一天你会成功的！

当你对自己的能力、实际水平和未来的发展有了正确评价和清醒的认识后，我想，你就不会过分在意中考的结果了，这样你反而能够安心学习。但要想在短时间内取得学习上的最大进步，学习一定要有计划，你要先从实现短时间的小计划开始，就是每节课要做什么，掌握哪些知识，达到什么目标，睡觉前要回忆当天所学习的内容，做到进一步的消化和巩固。一周后，将一周所要掌握的知识进行分类、总结、归纳，使掌握的知识系统化，以便于更好地记忆。

只要你努力地度过每一天，而不是在无谓的胡思乱想中消磨时间，不管结果如何，你都能给父母和自己一个交代。

娟儿，但愿你走出彷徨，孔老师期待你的努力！

孔屏

保持一颗平常的"中考"心

孔老师：

自从寒假结束，中考进入倒计时以来，我每天都开夜车，可早上起床后，总觉得情绪不振，心情压抑，心头特别沉重。想起永远也做不完的题，我心里就感到压得喘不过气来，真是难受得要命。如果就这样下去，我真担心自己撑不到中考结束就崩溃了，那我这些年的学不是白上了吗？我该怎么办呢？

晨熙

晨熙你好！

中考前的练兵总是难免的，但千万不要让自己陷入"题海战"中，要根据自己的实际水平，分清楚哪些题应该加强训练，哪些题可以彻底放弃，以便学有成效。另外，为了保持自己良好的情绪，不要想还有多少题没有做完，即使你多么努力，也不可能做尽所有的题，因为无论哪一门功课，知识的涵盖量都是相当丰富的。所以，每做完一个题就高兴地对自己说："我又攻下了一道难题，我太棒了！"不过多做题只是停留在局部细节的把握上，如果考试考不到，做再多的题也只是无用功，反而会让自己过于疲劳。中考前最重要的是查漏补缺，每门课程都有一个框架体系，学生在学习过程中只是学到了这个体系中的一部分，而中考复习时则要求自己心中要形成这样的学科体系，并能将细节内容填充到这个体系中去。考试并不是漫无目的地考，而是有范围的，只要心中有了这样的体系，那就不怕他怎么考了。只要事无遗漏，不管题目多灵活，都逃不出你的"手掌心"的。

其实，很多中考前出现的心理问题是因为你把中考看得太重了，结果造成了过重的心理负担，到头来反而会影响正常水平的发挥。其实，中考只是你人生路上的一个小小的关口，根本没有什么大不了的。所以，要学会在心理上轻视中考，自己每天该做什么事就做什么事，就和平常的生活一样。这样，说不定反而会赢得中考的成功，正如无心插柳柳成荫。

用一颗平常心对待中考，相信成功就在你的眼前。

孔屏

 自我检测

家长，请用微笑为儿女加油

考生们正在紧张备考，家长们也不愿在一旁干着急，铆足了劲想为考生做点什么来加加油。用什么态度为孩子加油最有效呢？"请用微笑为儿女加油！"

"微笑"是一种态度，一种祥和的心态。离中考还有 20 天，孩子们该学的知识都学得差不多了，如果此时家长还在死盯着孩子的成绩、考试的目标，时时为考生制造紧张的考试氛围，希望以此来激励考生，这种做法带给考生的不是动力而是适得其反的压力，对孩子中考没有任何帮助。

那么中考前家长应该如何微笑着为儿女加油呢？彭老师结合自己 20 多年的教学经验，向家长们介绍了以下方法：

☆创造机会跟孩子沟通

曾听到两位住校女生的对话："昨天我回家了。""真羡慕你家近，可以回家。""回家一点都不好，我回家连话都没有跟爸妈说上几句。我一回家清了清东西，就睡了。本来想跟爸妈聊聊，但他们似乎只希望我看书。在床上，听见妈妈对爸爸说：'你看这孩子真不懂事，都什么时候了，她还睡得着。'我当时眼泪就流了下来。"

可想而知，这名女生是带着怎样的心情来完成最后的复习。其实，这个年龄段考生的心情很特别，他们不是不懂事，他们心里很清楚目前所处的状态，只是不愿意表达出来而已。家长如果能给他们一个交流的空间，来抒发他们心中的苦闷，相信轻装上阵的效果远比背着包袱上战场要强很多。

☆别让孩子成为不消毒的酒精

了解医疗常识的人都清楚，百分之百的酒精是不能消毒的，能起到消毒效果的酒精浓度应为百分之七十几。要参加中考的考生就好比这要消毒的酒精，家长要是把他们加工到百分百的浓度反而失去了消毒的功效。

这段时间，家长应该尽量避免跟孩子直接谈论考试，不谈考后如何如何，考不好会怎样之类的话，包括一些善意的鼓励："考得不好没有关系，只要你努力了就好！"这话说出来，孩子就能体会到你对他的期望，懂事的孩子会认为你是在安慰他，反而心情更不轻松。

☆不谈学校的情况

快考试了，孩子多少会有些烦恼。这些烦恼有的来自学业本身，感觉有些知识还没有掌握，有的来自同伴的竞争。因此这段时间，家长应该尽量少跟孩子谈学校的事情。多聊些轻松的话题，谈孩子感兴趣的事情。

对孩子的期望可以委婉表达。例如当和孩子在一起的时候，亲戚朋友问道："孩子准备得怎么样啊？"家长可以说："还不错！"

尽量把孩子往好的方面说，他就能从侧面了解到父母对他的期望。

☆别问孩子"你想吃什么"

快考试了，家长往往要为考生加强营养，希望孩子能吃好以保持体力。不少家长在孩子早上出门时喜欢随口问一句："今天想吃什么？"这样看似关切的话，往往会给孩子造成无形压力。

其实，考前加强营养有必要，但不必这么大张旗鼓。对自己孩子的口味，家长应该都清楚，每天不用很多菜，只要有那么一两样合孩子的胃口就行了，这样既增强了孩子的食欲，又不会给孩子造成不必要的心理负担。

以下这些方法可以有效缓解心理压力，不妨一试

☆准备一条冷毛巾，随时擦脸，以助清醒。

☆脱掉鞋袜，用脚尖走路，走上几分钟，心中的烦恼便会跟着走掉了。

☆找一位乐观的朋友或同事倾诉，发泄一下情绪。

☆喝一杯酸梅汤或果汁醋，疏通肝气。

☆闭上眼睛，尽力想身体后面的景物，平衡前后脑的压力。

☆读你最崇拜的人的格言，并认真思考，有镇定的作用。

☆多赞美及鼓励自己，不要遇到挫折就苛责自己。

☆做到晚上十点前睡觉，早上六点起床。

☆多看喜剧片，开怀大笑一番。

☆简化自己的生活及欲望，因为生活越复杂，压力就越大。

☆自己动手做东西，会使你更满足，更快乐，如可以烹饪或做自己最喜欢的事。

☆不要总是抱怨麻烦事情落在自己头上，而是要想老天让我与日俱增经验和智慧，生活因此更丰富。

☆经常到书店走走，读一些励志的书籍、漫画及幽默文选。

☆不断告诉自己，要能容纳别人不同的观念或行为。

第七章　怕鬼鬼才来——
和孩子一起战胜考试焦虑

步入初三后，突然加大密度的考试让我感受到了前所未有的紧张。虽然经历的大型考试越来越多，对待考试的心态也趋于平和，但是每当提起考试，情绪上都会产生控制不住的紧张感。每次准备考试时，也都会想起那次悲惨的考试经历……

　　记得寒假前的期末考试，在考前几天，我好像突然在班级中嗅到一种备考时大家都紧张投入的学习气息，感觉自己落后了，于是突然开始紧张，担心自己在考试中失利。下午放学后到晚上是自己唯一的复习时间，我几乎夜夜复习到凌晨。复习时，我总是看着这一科想着那一科，十分匆忙。到考试时，我把自己弄得筋疲力尽，我几乎是梦游般飘进了考场。前面的几场考试可以用"浑浑噩噩"来形容，最糟糕的是地理考试。在第一卷中，我频繁地查找图册花费了过多的时间。当我开始写第二卷时仅剩余 10 分钟，我明知第二卷已没有时间完成了，加速的心跳伴随着笔尖的颤抖，备考时背诵得滚瓜烂熟的考题也没有时间书写……地理考试的失利使我的心理落差愈加增大，随后的考试节节败退，发挥失常，全线崩溃。

　　从此，我常常对考试产生疑惑，也越来越害怕考试，为什么不能以平常心对待它呢？为什么总是感到复习不充分呢？为什么总是害怕考砸了呢？我是不是得了考试焦虑症？要不要让妈妈带我去看心理医生？天哪，我到底是怎么了？我该怎么办？

中考、高考的孩子喜欢把考场比做人生的战场。然而，孩子们哪里知道，这个战场外的家长并不比场内的他们轻松多少。

和周围的家长比起来，在孩子的学习上，我觉得我是比较省心的。因为我女儿从小就知道学习，她不仅早早完成老师布置的作业，还常常给自己加码，到书店买各种复习资料做，从来不用家长督促。小学毕业的时候，她自愿参加了济南外国语学校的招生考试，成绩相当不错，因为考虑到学校离家比较远、花费比较多，她主动放弃了去外语学校。读初一、初二时，我女儿的成绩都在班里前一二名，我一直引以为傲。谁知，这孩子到初三之后，考试成绩居然一次不如一次，都从前几名滑到中下游了。这孩子是怎么了？是学习方法不对，还是心思没有用到学习上，还是得了心理疾病？作为家长该如何帮助孩子呢？我感到很困惑，也越来越感到紧张、焦虑，有时候整夜整夜地失眠。孩子一直是一个要强的孩子，从小在学习上没有经受过挫折，我真担心孩子这样下去，心理上会崩溃，到时候连考试都不一定能考成。可是，尽管我紧张、焦虑得几乎喘不过气来，在孩子面前，我还得装作无事人似的，我感到自己也快崩溃了！

教育故事

这天早饭后，孩子没有像往常那样马上去上学，而是坐在客厅里一副心神不宁、欲言又止的样子。

难道我担心的事情发生了？

我提心吊胆，但我尽量用平静的语气对孩子说："怎么了，孩子？妈妈能为你做点什么？"

没想到我的话音刚落，孩子"哇"一声哭了。她一边哭一边说："妈妈，你带我去看心理医生吧！我想我肯定得了考试焦虑症，再不治我就完了。"

孩子的话着实把我吓了一跳。考试焦虑症？这是我最担心的事啊！还有几天孩子就中考了，万一孩子真得了考试焦虑症，那她还能参加中考吗？我意识到不能再耽误下去了！于是，我果断地对孩子说："孩子，你先别着急！咱们先不急着去看心理医生，在济南有一位研究家庭教育和青少年教育的专家，妈妈听过她的报告，当时记下了她的电话，妈妈马上联系一下，看看能不能带你去见她。"

孩子点点头，表示同意，我立即查找电话号码，很庆幸手机里还保留着孔老师的热线电话。

我立即拨通了孔老师的电话："您好！您是孔老师吗？"

"您好！我是。能为您做点什么？"

我着急地问："我想现在带孩子过去找您，您方便吗？"

"我想知道，孩子自己同意吗？"孔老师询问道。

"是孩子主动提出来的，今天早上她都没有去上学，请您务必见见孩子！"我十分恳切地对孔老师说。

"我怎么能拒绝一个主动求助的孩子呢？我在办公室等你们。"

孔老师愉快地说，同时告诉了我她的办公室地址。

"谢谢！谢谢！我们马上过去！"说完，我给孩子的班主任请了假，带着孩子打车直奔孔老师的办公室。

孔老师已经作好了接待我们的准备，连水都已经倒好。

"孩子，我们两个单独谈谈，还是和妈妈一起谈？"孔老师十分温和地征询孩子的意见。

"和妈妈一起吧！"孩子看看我说。

于是我们的谈话便开始了。

还没等孔老师问话，孩子就主动谈了起来。

"孔老师，我原来学习一直很好，但到初三后，考试成绩一次不如一次。这使我对考试越来越没有信心，每次考试前都担心自己万一考砸了怎么办，结果每次都是考砸了。您说我是不是得了考试焦虑症？您有什么好办法帮我治治考试焦虑症吗？"

"孩子，先别急着下结论。考试前的紧张是很正常的，不紧张反而不正常了。"孔老师微笑着，十分温和地说，"你能告诉我第一次考砸了是什么时候吗？当时的情况是怎样的？"

"第一次考砸了是在去年的寒假考试，"孩子皱着眉头，回忆着，脸上是痛苦的表情，"不知道为什么，寒假考试前的几天，我好像突然在班级中嗅到一种备考时大家都紧张投入的学习气息，感觉自己落后了，于是突然开始紧张，担心自己在考试中失利。为了避免考试失利，我几乎夜夜复习到凌晨。结果到考试时，我把自己弄得筋疲力尽，做题时的速度比平时慢很多，导致备考时背诵得滚瓜烂熟的考题也没有时间书写，于是，考场发挥失常，名次一下子落后了十几名。就是这次考试的失利使我失去了原有的自信，越来越害怕考试。"

"其实，你知道这次考试失利的原因在哪里。"孔老师说，"考试前，你担心考试失利，几乎夜夜复习到凌晨，结果把自己搞得筋疲力尽，没有精力认真答题，做题速度也比以往下降很多。于是，怕鬼鬼就来，你真的考砸了。我想，考试后，如果你不是沉浸在失败的阴影里，夸大这次失败给你造成的影响，而是能冷静地总结自己这次失败的原因不过是因为考前复习时间过长，导致精力和体力下降，影响了你的答题速度。只要你合理安排复习时间，保证充足睡眠，以旺盛的精力投入考试，相信你依然是考场上的强者。"

"可是，这次考试给我的打击很大，我总觉得学习的时间不够多，很多知识点都没有掌握，就是提前上床也根本睡不着。"

"是你盯着自己一次偶尔的失败不放。其实，你可以和周围的同学比一比，有几个人能稳坐学习的榜首，学习成绩从来没有发生过起伏的？我想，这种人可能有，但绝对是少数。"孔老师说，"再说了，从初一到初二乃至到初三寒假前，你的学习成绩一直不错，这说明你的智商高，基础牢。而且在寒假前，中考的知识点已经基本上学完了，寒假后是复习阶段，主要是对前面学习过的知识进行查漏补缺。你说，你觉得学习的时间不够用，感到很多知识点都没有掌握，你不妨具体列一列都是哪些知识点没有掌握，然后好好计划一下应该怎样掌握这些知识。"

"这是个不错的主意!"孩子脸上有了笑容，她说，"我只是担心自己考试考不好，感觉有很多的知识点没有掌握，但就是没有认真去查找一下，究竟是哪些知识点没有掌握。我今天回去就把这个问题好好研究研究。孔老师，您还有什么要告诉我的吗?"

"中考前的学习是比较辛苦的，要学会放松自己。比如，累了的时候在校园里走走，听听鸟叫，闻闻花香，夜晚来临的时候，看看星空，呼吸一下新鲜空气，放松一下绷紧的神经。别把考试前的时间塞满了，正如磨刀不误砍柴工，适当的休闲有助于学习的效率。学习不在时间的长短，关键在于效率。明白吗?"

孩子点点头说:"这我明白! 孔老师，我还担心万一中考发挥失常怎么办。"

"的确，每年都有人考场发挥失常，但这主要是考前心态的问题。你不是已经认识孔老师了吗? 你可以每周来一次和孔老师交流，把心态调整好。另外，为了能够正常发挥，从今天开始到考试期间，你有必要每天做一次自我心理调节，主要是通过积极的心理暗示，给自己一份自信。比如，每天早上醒来的时候，不要急于起床，你可以躺在床上，闭上眼睛，蜷曲身子，双手抱在胸前，不出声地笑几分钟，然后再起床，起床后要明确地告诉自己:今天我很愉快，我的头脑很清醒，我一定能发挥出我的正常水平。"

"好! 好!"孩子一脸的开心，"孔老师，还有什么需要特别注意的吗?"

"中考是人生若干考试中的一种，不需要特别注意什么。"孔老师笑笑说，"只记住一点，考试结束后不要和同学对答案，考得好或不好都已经过去了，不要把上一场考试的不良情绪带到下场考试中，用力地在空中挥一挥拳头，坚定自己的信心，集中精力把后面的科目考好，一切皆OK!"

"OK!"孩子握紧拳头，信心十足地摇了摇。

看到孩子和孔老师谈得差不多了，我赶紧插话道："孔老师，您说我们家长应该做好哪些工作呢?"

"孩子迎接中考的这段时间，你们夫妻不要给孩子任何暗示，平时该干什么就干什么，不要叮嘱孩子要认真，要努力，也不要安慰孩子考坏了也没有关系，这对缓解孩子的焦虑没有任何帮助。对孩子真正有效的方法是忽视孩子考试前的表现，不管孩子在考前说什么做什么，你们只需微笑着抱以无所谓的态度，慢慢地孩子会消除心理焦虑。"孔老师对我说。

"说实话，我可能比孩子还紧张，我心里老是不踏实。我老是觉得考试期间有太多的不可预测的事情，到时候孩子因为吃不好拉肚子怎么办？孩子睡不好怎么办?"

孔老师笑了笑说："的确，你比孩子还焦虑，也许你的这种焦虑无形中就影响了孩子。其实，一个人的潜力是很大的。试想，孩子一晚上两晚上睡不好觉，她会在考场上睡着吗？不要担心睡不好会很大程度上影响发挥，考前让孩子用凉水洗把脸，抹点清凉油，睡不睡觉对孩子来说都一样，题到了手里还是一样去解决。

还有你担心孩子吃不好拉肚子的问题，吃坏肚子肯定是要影响考试的，关键是不要让孩子吃坏肚子。你觉得怎么个吃法最好呢？是不是应该平时怎么吃考试期间就应该怎么吃啊？不要去想那些所谓的营养餐之类的，突然间增加的营养孩子未必适应，吃馒头就咸菜一样会把试考好的。"

"是的，是的，您说的太好了！"我说，"我一定听您的！"

 专家课堂

一、 正确认识考试紧张

1. 考试紧张不等于考试焦虑症

许多临考的学生因为考前紧张就主观认为自己得了考试焦虑症，需要找心理医生。其实，这是一种错误观念。事实上，只要是正常的、具备自我意识的人，在考试前都会自然产生某种程度的紧张情绪，这是人的神经机制在起作用，是人类无法抗拒的。

2. 考试前适度的紧张和焦虑有益无害

很多考生不清楚，考前适度的紧张不仅无害反而有益。因为适度的紧张能使人保持学习的警觉性，保持注意力的集中。它使我们具有一种明确的考试意识，时刻提醒自己现在是临考前的非常时期，要安排好自己的学习生活，我们会因此觉得时间宝贵，会珍惜每一分钟，从而提高学习效率。适当的紧张会调动身体的能量，使我们以充沛的精力完成学习任务。另外，适当的紧张还有助于人们的兴奋。而人处于兴奋状态时，思维往往更加活跃。

二、 认识考试焦虑症

考试焦虑是指因考试压力引起的一种心理障碍。主要表现在迎考及考试期间出现过分担心、紧张、不安、恐惧等复合情绪障碍，还可能伴有失眠、消化机能减退、全身不适和植物神经系统功能失调等症状。这种状态影响考生的思维广度、深度和灵活性，降低应试的注意力、记忆力，使复习及考试达不到应有的效果，甚至无法参加考试。有的考生因此反复逃避考试，严重者可发展为精神障碍。

那么，是什么原因引起了考试焦虑症？有关专家告诉我们：父母要求过严、自己期望过高和害怕失败都是引起紧张而导致焦虑的原因。其中，自我期望值过高，是导致考试焦虑的重要原因。有些学生为了多记、强记考试内容而"披星戴月，闻鸡起舞"，导致睡眠严重不足，不仅没有收到好的学习效果，反而影响了正常的记忆能力，导致效率下降。甚至就连本来已经记住的知识，也常常因为恐惧将其忘记，强迫自己不停地埋头苦读，偶尔遇到小挫折就会恐慌，久而久之，就会出现心情紧张、焦虑、烦躁、强迫、抑郁、敌对等考试焦虑症的各种症状。

三、 如何战胜考试焦虑 （摘自《战胜考试焦虑》）

（一） 改变对焦虑的态度

焦虑本身并不可怕，最可怕的是认为紧张、焦虑必然妨碍我们的学习，因而急于将紧张排除，并固执地认为只要排除了紧张，才能专心地学习和考试。这种想法的一个前提就是，"因为紧张所以考试失常，如果没有紧张我就会正常发挥"。当人们这样想问题时，就把紧张与成绩必然地联系在一起了，而紧张又是人们不可能完全消除的，下次考试一旦出现紧张，他们就会因联想而更为害怕，以至于发挥失常。

为消除焦虑，可以让学生从下面的几点做起：

1. 接受自己的焦虑

因为人在考前或考试中有焦虑情绪是再正常不过的，如果不紧张才是不正常的。接受焦虑，意味着当你有焦虑情绪时一定要该做什么还做什么，不要停下来反省自己的焦虑。

2. 不夸大焦虑的作用

应认识到适当的焦虑对学习是有积极作用的，它可使人意识到时间的珍贵，知道抓紧时间复习，并对注意力和精力都有促进作用。

3. 不竭力克制焦虑

不克制自己的焦虑，尤其是不能将注意力集中在与焦虑的斗争上。有些同学每当焦虑产生后，都急于排除焦虑与紧张，其注意力集中于与焦虑情绪作斗争，反而不能专心于学习和考试，即形成了所谓的强迫观念。焦虑紧张作为神经系统的自然反应，是人的一种自然需要，任何与这种需要作斗争的努力都将妨碍我们的学习能力。

4. 学会自我调整

当出现焦虑时，不可一个人闷在小屋中与自己过不去，要学会放松自己，如听音乐、散步，尤其是多与其他同学交流自己的感受，了解其他人是如何安排考试生活的，让自己成为一个开放的人。学会一些心理学的调整方法来调控自己的情绪。

（二） 躯体放松先于心理放松

一些学生心理调整的动机十分强烈，但只是从想法上入手，如告诉自己"别去想这些没用的事情了，车到山前必有路"，"时间不多了，不要想考试的可能结果了，要专心复习"，"别人都在复习，为什么你总想这些没用的事情呢"。他们面对焦虑紧张，每每这样开导自己，可效果并不好。这样的自我安慰不仅没有效，反而因为无效而产生挫折感，导致自己更为紧张。这是因为，考试焦虑者首先面对的问题是自己的生理紧张，在受到社会评价的场合，他们不由自主地产生了过强的生理反应，因此，必须先教会他们如何应对生理反应，才能进而控制心理紧张。身体放松了，心理紧张自然会消除。

下面介绍两种比较容易操作的躯体放松训练。

1. 放松训练

放松训练是通过一定的放松程序让考生学会在精神上和身体上放松的行为治疗方法。其核心理论为，放松所导致的心理改变及其维持，会形成阻抗焦虑紧张的力量，使身心从紧张中解脱出来。该方法的一个假设是，焦虑能因直接降低肌肉的紧张而消除。

（1）在安静的环境下采取舒适的姿势，可半躺或坐在沙发上。

（2）闭目养神。

（3）放松全身的肌肉。先放松脚部的肌肉群，如现在想象你的脚指头正在放松，它泡在温水中，很舒适；接下来放松脚面，现在你感觉到你的脚面正在放松，它已经完全松弛了；接下来是小腿、大腿、腰部、腹部、胸部、双手、双臂（双肩）和脖子，最后是后脑、面部和眼睛。在进入下一个肌肉群的放松之前，要重复一遍前一次的放松指令，如现在将要放松小腿肌肉，你要重复一遍放松脚指头的指令，依此类推。

（4）用鼻子呼吸，使自己能意识到自己的呼吸。呼气时默诵"一"，吸气时默诵"二"。

（5）进入放松状态后对自己说"安静""放松"，并不断地重复。经过这样的练习，以后遇紧张场合时对自己说这两个词，也会诱发松弛。

（6）持续20分钟。此期间可以睁开眼睛核对时间，但不能用定时器。结束时先闭眼睛而后睁开眼睛，静坐几分钟。

（7）不要担心能否成功地达到深度的松弛，只需要维持被动姿势，让松弛按自己的步骤出现。当分心的思想出现时不要理睬它，并继续默诵"一、二"。

（8）考试前复习阶段每天可进行1～2次训练，不要在饭后两小时内进行，因为消化过程可能干扰预期的效果。

（9）在进入考场前可以从事这一练习，但不要超过两分钟，即缩短平时练习的过程。当遇到难题头脑发涨或思路混乱时，也可即时采用这一放松训练。这时，训练能否达到削弱紧张的目的，就要看你平时训练的效果了。

2. 系统脱敏训练

系统脱敏训练是在放松训练的基础上发展起来的用于治疗恐惧或焦虑症的方法，它对于考试焦虑的治疗很有效。其原理是，如果在引起焦虑的刺激出现时，造成一个与焦虑不相容的反应，则能全部或部分抑制焦虑，削弱刺激与焦虑的联系。其训练步骤如下：

（1）先列出一个令你感到焦虑和紧张的考试情境项目，将最轻微的写在前面，最严重的写在后面，依严重程度排列。这些项目有些与考场的安排有关，也有些涉及你与其他人的比较。下面是一些常见的引起焦虑的情境：

你感到复习很不充分，这时老师宣布下个星期进行考试；

明天就要考试了，可你觉得自己复习的效率很低；

明天就要考试了，可你今天晚上睡不着觉，觉得自己复习得不充分，一点把握都没有；

你已经进入考场，老师发了试卷，但试卷上的题型是自己从没有见过的；你发现监考老师就停在自己身边，盯着自己的卷子；

你听到别人答卷写字的"刷刷"的声音；

你看到有的同学已经答完并开始交卷子，而你还有许多题目没有答完；

你发现时间过去了三分之二，而你才答了一半；

你发现还有 5 分钟就要收卷子了，可你还有 20 分钟的题目没

有答;

你对一个题目一点感觉都没有，完全不知从何入手；

你遇到了一个公式，是前几天记忆的，就在嘴边，却怎么也想不起来；

你遇到的作文题完全出乎你的意料，你感到大脑一片空白，心跳加快；

你收到一份通知单，上面写着你没有被录取。

（2）重复放松训练的程序，利用口诀使自己进入放松状态。

（3）进入放松状态后，想象上面你列出的第一个令你感到焦虑的场景，逼真地想象它的发生，好像它正在发生一样。

（4）第二次练习。在进入放松状态后，选择第二个（比第一个更严重一点）令你感到焦虑的场景。以后每次练习都选择更为严重的场景，直到将上述场景全部练习一遍。

系统脱敏的原理就是利用放松的身体状态来抵消紧张的心理反应，因为放松的躯体与紧张的心态是矛盾的，在放松的时候，人不易感觉到紧张的出现。如果以后你果真面对考试紧张的场景时，你就会联想到躯体放松训练，不再受紧张的支配。

（三）积极的自我暗示

当你发现自己有一定的考试焦虑时，你要进行积极的自我暗示，比如每天早上起床后，对自己说："今天将是美好的一天，我会很愉快地度过这一天，我相信今天的我会很有收获。"每天晚上睡觉前对自己说："我度过了愉快的一天，因为和昨天相比，我又掌握了更多的知识。我相信我能睡个好觉。"

四、 考前如何保持最佳心理状态

有的学生平时学习很好，但一到考试就发挥失常，屡战屡败；而有的学生平时或许并不突出，可一到考试时总会有上佳表现，发挥出色，令人惊羡。这种情况的出现往往可以从心理分析中找到原因。

研究表明，考生的心理状态是否稳定，与考场上能否正常发挥呈正相关。心理状态稳定的学生，能够承受考试所带来的种种压力，克服心理上的担忧、恐惧和烦躁，保持清醒的头脑和理智的态度，故而在考试中能够正常发挥，甚至超常发挥。心理状态不稳定的学生，往往表现为信心不足，害怕失败，终日处于一种紧张焦躁的情绪氛围之中，背着如此沉重的心理包袱步入考场，难怪会头昏脑涨，发挥失常了。由此可见，在考试之前和考试当中调整好自己的心态是非常重要的。

那么，如何保持稳定而良好的考试心态呢？

1. 进行抗压训练，提高适应能力

平时有意识地参加一些带有竞争性和心理压力的竞技竞赛活动，如演讲比赛、讲故事比赛、小组讨论发言、文娱表演等，将有助于锻炼心理素质，提高心理对复杂环境，尤其是高压环境的适应能力。

2. 运用暗示法，提高自信心

自信心是取得考试成功的重要心理因素，它能使人乐观、勇敢地面对种种困难和危机，调动自身各方面积极力量去实现预期目标。提高自信心的一种有效方法是以积极性的言语进行自我心理暗示，如在考试之前对自己说"我能行""我一定能成功""我还有很大潜力"等，这些心理暗示有助于鼓足勇气，起到意想不到的效果。

3. 排除私心杂念，回忆愉快体验

要设法排除一切与考试无关的私心杂念，尤其是要尽量避免回忆过去考试失败所带来的不愉快，多回味一些以往学习和考试中获得成功的情景和体验，使自己保持一种轻松愉快的心情。

4. 运用放松技巧，缓解心理压力

如果考前感觉心理压力过大，造成紧张过度，身心疲惫，可试着运用一些心理放松的方法加以缓解：（1）幻想。静静地想象自己来到一个风景秀丽的地方，景色宜人，心旷神怡，使心情放松下来。（2）易境。暂时摆脱紧张或使人厌烦的情境，寻找一处宽松安静的所在，以转移注意，舒松心境。（3）娱乐。可适当听听音乐、唱唱歌、跳跳舞、看看电视等，以调节身心，缓解紧张情绪。（4）锻炼。参加劳动或体育锻炼，一方面可以转移大脑的兴奋点，消除大脑疲劳，另一方面可以通过增强肌肉的紧张感以化解心里的紧张感。（5）静功。找一静僻处，松开紧身衣和鞋带，闭眼，注意倾听自己的呼吸声，并默数一至十，再呼气，默念"放松"。

5. 轻松应对考场上的慌乱

考试时突然心慌怎么办？有些考生临场应试中，会突然出现心悸、心慌、胸闷、记忆困难、思维阻塞等"临场慌"的现象，对此，考生可先不必急于答题，而做几遍深呼吸来强行调整心率，迫使血液循环趋于稳定正常；或者微闭一下双眼，放松、稳定情绪。

考试时心里发急怎么办？许多考生在拿到卷子后，心里马上起急，答题时心神不定，生怕耽误的时间过多。于是心里越想快，思维与记忆的效率反而越降低，欲速则不达。这里有两个观念性问题：一是考试的目的在于正常发挥出自己的水平，二是考试的目的在于多拿分，而多拿分又与答题的正确率与数量直接相关，这就有了一个答题的速度与正确性的辩证关系如何处理的问题，正确的做法是在确保正确性的前提下，再尽量加速度。

考试时遇到自己不会的题怎么办？考生切忌慌乱。首先应分析自己不会做的大致原因：是因为自己忘了有关的知识呢，还是题目的条件过于隐蔽，自己难于发现呢？如果是由于自己想不起来某部分知识了，则可通过一些联想手段来帮助自己回忆；如果题目的条件隐藏过深，你又可以通过画面的方式，让其"原形毕露"。倘若经过一番努力仍无成效的话，你也要善于自我安慰："我如此尽力都没做出来，说明它对大家来说都是难题。"

考试时间不多时仍有许多题目没做怎么办？考生遇到这种情况，也很容易慌乱，常常是做这道题时惦记着那道题，希望能做完所有的题，结果题目做得质量和数量都不如意。对于这种情况的出现，一定要有个合理的目标和合理的决策。合理的目标是在保证一定正确率的情况下，能做多少算多少。倘若这时目标订得过高（企图全部做完和做对），反而连较低的目标（做对一部分）也实现不了。而合理的决策则在于考生此时选择所做的题目，应该是自己比较有把握的和分值较高的，当然还要考虑所要花费的时间和精力，把三者综合平衡之后再做出一个明智的选择方案。

 经验共享

家长助考的误区

★过分保护型

表现：

家有考生，全家人众星捧月般围着孩子转，甚至有些父母早早就请假在家，专门照顾孩子。其实这么做反而会给孩子造成太大的压力，更不利于孩子以平常心准备应考，其副作用是影响孩子安心复习及在考场上的正常发挥。

建议：

家长助考要把握好度，主要应帮助孩子调整好生物钟，生活、学习尽量有规律。家长即便关心，也要放在心里，表面上要尽量做得平常些，不要制造紧张气氛。家长可以留心孩子的情绪变化，孩子看不进书时别逼他学。如果一个人在屋里关得久了，可以叫孩子出来看会儿电视，比如看些娱乐或新闻节目。

★过分期待型

表现：

家长对孩子的期望值过高，总想着让孩子成为状元，进名牌高校，超过孩子的实际水平。这实际是一种负面暗示，让孩子觉得考不上名校就是无能，无形中给孩子增加了压力，容易挫伤孩子的自信心。

建议：

父母可以对孩子说："中考，其实就是一场考试，只要积极准备，过好复习的每一天，然后在考试中发挥出应有的水平，做好自己会做的题，这就够了。只要你努力了，无论是什么样的结果，我们都会满意的。"父母的理解与支持，会让孩子感动，他有任何方面的问题，才会主动和父母交谈。而父母也主动和他交换对学习、生活的看法，鼓励他说出自己的想法和疑虑，分享他的快乐，也分担他的烦忧。

★过多干预型

表现：

相当多的家长认为，到了考前几个月，孩子唯一的任务就是复习功课，给孩子诸多限制，不准做这、不准做那，取消了娱乐，取消了锻炼，甚至连电视新闻都不许看。有些家长甚至给孩子找来了一堆偏题、怪题，让孩子做"百米冲刺"。其实，这样做既无助于提高复习效率和质量，更容易使孩子的脑子疲劳、思维僵硬。

建议：

家长侯先生讲述的经验可供参考：孩子在复习之初，侯先生四处寻找各种复习资料让孩子强化，使孩子一头扎进难题的题海之中，忽视了对基础知识的巩固。在孩子"一模"失利后，侯先生通过与老师沟通，果断放弃了给孩子找来的各种中考冲刺题集，而是建议孩子着重复习教科书和老师的课堂笔记。于是，孩子的"二模"成绩提高了 60 分，并最终在中考时考出了好成绩。

考生求助热线

给自己一个合理的定位

孔老师：

我是一个初三毕业生，我的理想是考县城一中，但最近两次摸底考试成绩都不理想，离考县城一中的分数线还有很大的距离，我心里既难受又着急。我分析了自己考试失利的原因，主要是我偏科严重，英语在年级名列前茅，语文、化学还可以，但物理和数学的基础太薄弱，拉分太多。今后我该如何安排复习呢？物理和数学成绩还有提高的可能吗？我的理想是考县城一中，万一我考不上怎么办？

杨洋

杨洋：

对于两次摸底考试成绩都不理想，你能冷静地分析出自己考试失利的原因。就凭这一点，我相信你是完全有能力把握自己的。在以后的复习过程中，你只要给自己一个合理的定位，多采用积极的心理暗示鼓励自己，就能轻松拿下中考。

现在离中考的日子越来越近了，无论是成绩比较好的学科还是相对比较薄弱的学科，要想取得突破性的进步已经不是很容易的事了，当然成绩明显退步的可能性也很小。所以，针对你的物理和数学基础薄弱，你需要拿出点勇气来，勇敢地放弃老师统一安排的复习题，把复习的重点转移到物理和数学的基础知识上来，只要把该记住的公式、定理、原理、概念记住了，把课本上的例题和课后习题粗略地过一遍，把章节知识之间的横纵联系搞得清清楚楚，考试拿到60％的基础分相信不是什么难事。

在这里，我不想谈具体的复习方法，你的老师都比我更有经验。我认为，你需要解决的是考试焦虑问题。因为你的理想是上县城一中，而目前的成绩似乎与县城一中有一定的距离，你为此而担心着急。

要想缓解自己的中考压力，千万不要盲目地和同学作比较，一定要以自己的昨天为起点，保证自己的今天比昨天掌握了更多的知识，这样就足够了。不管自己的摸底考试成绩怎样，要学会正确评价自己，给自己一个合理的定位。何况，摸底考试中暴露出问题根本就不是什么坏事，正好可以在中考中避免出现同样的问题。其实，每一个人都有自己不同于别人的地方，没有必要求全责备。考生要学会自己鼓励自己，不要自己灭了自己的威风。

杨洋，我不知道你的心理底线是什么。万一考不上县城一中，考上县城二中或三中，你能不能接受？如果你难以接受，那么请问，一个学生学业的成功最根本的是不是取决于学校而不是学生自己？县城一中所有的学生是不是一定比其他学校的学生更优秀？如果你的回答是否定的话，那就意味着一个人将来的成功关键不在于他考上了哪所高中，关键在于自己，只要自己有志气，在哪里都是一样成才的。何况现在考上什么高中都不是人生奋斗的终点，今天中考的赢家未必不是明天的输家；同样的道理，今天中考的输家也未必不是明天的赢家，做人又何必如此急功近利呢？中考面前，如果理想和现实真的出现了大的差距，接受现实并力争改变现实以不断追求理想的实现才是聪明人的聪明选择！

最后，孔老师想对你说："只要你不言放弃，我相信你能成功！请你相信自己！即使暂时你没有取得中考的成功，也要最终取得人生的成功！"

孔屏

自我检测

家长少说7句话

1. 去年谁家的某某考上了某某重点高中，你能像他一样就好了。

2. 关键就在这次考试，你一定要好好把握！

3. 你一定要好好考，要为父母争口气，全家就指望你了。

4. 好好复习，考时要超常发挥！

5. 什么事都不要你做，你只要好好复习就行。

6. 孩子！你千万不能紧张。

7. 你们班某某同学这次模拟考试考了多少分？

考试焦虑自我检查表

指导语：请依据你的实际情况如实填写，如果题目符合你的情况，就在该题目上画一个钩，如果不符合，什么也不要记。请不必刻意花时间思考，尽量根据自己对问题的第一印象来回答。如果某一问题你觉得实在难以回答请作记录，并与有关的心理老师讨论，因为这些难以回答的问题，可能表明你有新的问题。

1. 我希望不用参加考试就能取得成功。

2. 在某一考试中取得好分数，似乎不能增加我在其他考试中的自信心。

3. 人们（家人、朋友等）都期待我在考试中取得成功。

4. 考试期间，有时我会产生许多对答题毫无帮助的莫名其妙的想法。

5. 重大考试前后，我不想吃东西。

6. 对喜欢向同学搞突然袭击考试的老师，我总是感到害怕。

7. 在我看来，考试过程似乎不应搞得太正规，因为这样容易使人紧张。

8. 一般来说，考试成绩好的人将来在社会上会取得更好的地位。

9. 重大考试之前或考试期间，我常常会想到其他人比自己强得多。

10. 如果我考坏了，即使自己不会老是挂记着它，也会担心别人会看不起自己。

11. 对考试结果的担忧会在考试前妨碍我的复习，在考试中干扰我的答题。

12. 面临一场必须参加的重大考试时，我会紧张得睡不好觉。

13. 考试时，如果监考人来回走动或者注视我，我便无法答卷。

14. 如果废除考试，我想我的功课会学得更好。

15. 当了解到考试结果将一定程度上影响我的前途时，我会心烦意乱。

16. 我知道，如果自己能集中精力，考试时就能超过大多数人。

17. 如果我考得不好，人们将对我的能力产生怀疑。

18. 我似乎从来没有对考试进行过充分的准备。

19. 考试前我的身体不能放松。

20. 面对重大考试，我的大脑好像凝固了一样。

21. 考场中的噪音（如日光灯的响声、电风扇的声音等）使人烦恼。

22. 考试前，我有一种焦虑不安的感觉。

23. 考试使我对能否达到自己的目标产生怀疑。

24. 考试实际上并不能反映出一个人对知识掌握的程度。

25. 如果考试得了低分数，我不愿把自己的确切分数告诉任何人。

26. 考试前，我常感到需要再充实一些知识。

27. 重大考试前我的胃不舒服。

28. 有时，在参加重要考试前，一想起某些消极的东西，我似乎都要垮了。

29. 在即将得知考试结果之前，我会感到焦虑不安。

30. 但愿我能找到一个不需要考试便能被录取的工作。

31. 假如这些考试我考得不好，我想这意味着自己不像原来想象的那样聪明。

32. 如果我的考试分数很低，我的父母会感到非常失望。

33. 对考试的焦虑使我不想认真准备了，而这种放弃的想法使我更为焦虑。

34. 应试时我常常发现自己的手在哆嗦，或双腿直打战。

35. 考试过后，我常常觉得自己本应考得更好。

36. 考试时我的紧张情绪妨碍了注意力的集中。

37. 在某些考题上我费劲越多，脑子就越乱。

38. 如果我考砸了，且不说别人会对我有看法，就是我自己也会对自己失去信心。

39. 应试时，我身体的某些部位的肌肉很紧张。

40. 考试前，我感到缺乏信心，精神紧张。

41. 如果我的考试分数低，我的朋友会对我感到失望。

42. 考前，我所存在的问题之一是不能确知自己是否作好了准备。

43. 当我必须参加一次确实很重要的考试时，我常常感到全身心的恐慌。

44. 我希望主考老师能够觉察到参加考试的某些人比另一些人更加紧张，我还希望他们在评价考试结果时，能对此加以考虑。

45. 我宁愿写篇论文，也不愿参加考试。

46. 在公布我的考分之前，我很想知道别人考得如何。

47. 如果我得了低分数，我认识的某些人将会感到快活，这使我心烦意乱。

48. 我想如果我能单独进行考试，或者考试没有时限压力的话，那么我的成绩会好得多。

49. 考试成绩直接影响我的前途和命运。

50. 考试期间，有时我非常紧张，以至于忘记了自己本来知道的东西。

根据对上面这个问卷的回答，可以知道你的考试焦虑主要表现在哪些方面：

测查的方面	题目序号
担心考试失败后别人对自己的评价	3、10、17、25、32、41、46、47
担心个人自我意象受到威胁	2、9、16、24、31、38、40
担心未来前途	1、8、15、23、30、49
担心应试准备不足	6、11、18、26、33、42
身体反应	5、12、19、27、34、39、43
思维阻抑，注意力不集中	4、13、20、21、28、35、36、37、48、50
一般自信心不足	7、14、22、29、44、45

如果你在"担心考砸了他人对你的评价"的题目上大部分都画了钩，说明你的焦虑可能是由这个因素引起的，或者表现为这个方面。如果你在"担心你未来的前途"方面非常符合题目，则

说明你在这个方面考虑得较多，需要进行调整。

自我练习：

练习一：最可怕的结果

请写上万一考试失败了，最坏的结果是什么。

结果一：

结果二：

结果三：

你是否可以接受这个结果？如果不能接受，你将如何面对现实？

练习二：可怕的结果并不可怕

假如你考试失败了，你会遇到可怕的后果，现在你已经清楚地列出了这几个后果。请认真地想一想，这些后果有没有积极的意义，哪怕只有那么一点儿。

后果一的积极意义：

后果二的积极意义：

后果三的积极意义：

练习三：与可怕的想象进行辩论

每一种我们深信不疑的想法都有其反面，真理不在我们手里，就在它们手里。既然我们自己已经知道考试紧张对我们正常发挥不利，我们又无法克制紧张，为什么不学会从相反的立场想问题呢？

请在下面的陈述后面，写上自己的反驳观点。

如："我一旦考砸了，我就无脸见父母了。"

反驳："不对，父母虽然不愿看到我考砸，但如果我因考砸而整日哭泣和怨悔，将更使我们的父母丢脸和伤心。父母虽然不喜欢一个分数低的孩子，但父母更不喜欢一个怯懦的、不敢进考场的孩子。只有努力拼搏，背水一战，才能给父母以最大的荣光。"

1. "如果我考不上学，就没有前途了。"

反驳：

2. "如果我考砸了，同学们会认为我太笨。"

反驳：

3. "如果我的成绩不是前三名，就说明我是一个无能者。"

反驳：

第八章　中考考砸了——
帮孩子重新扬起希望的风帆

心情日记

　　今年中考的时候，第一门语文没考好，心里老是惦记着，感觉特后悔，不应该这样啊，觉得复习得挺好的。后来考英语和数学的时候，我心里还是想着这事，结果这两门考得更是一塌糊涂。最后考文科综合，政治我一向学得不好，就想多花点时间在上面，争取多拿点分，结果越做越郁闷，后来做我最拿手的历史的时候，时间都不够用了，考完出来就预感不妙……

　　果然，分数线出来以后，我成了一个失败者，一个中考失败的学生。落榜那天，我的心仿佛都要碎了，三年初中生活竟是如此结果。我身边的好友渐渐和我疏远了，我就像是陷进了一个旋涡当中，越陷越深，却没有人帮我。没人的时候我常常独自落泪，为什么老天这么不公平？谁能帮帮我？

　　我想让家长拿钱供我去读高中，可家长说我不是考学的料，说让我上个技校算了，但我不甘心，我该怎么办呢？

内心独白

　　儿子今年考高中彻底失败了，什么高中也上不了。除了自己之外，家里的长辈都认为再也不要让他复习了，再复习也没用。前几天听熟人介绍，我们跑到金华去找了个什么技工学校，说是可以去那儿读，学点技术找个饭碗算了。可儿子还想继续复习继续考。儿子从金华那所学校回来后，当时就发高烧，躺在床上起不来了。打了点滴后，烧退了，还是起不来，整个人都垮了。

家庭经济条件供他读书是没有问题的，但我们都对他失去了信心。他爸爸坚持让他上技校，可孩子死活不同意。孩子他爸愁得天天喝闷酒，儿子整天躺在床上，哪里也不去，一个人生闷气。我夹在爷俩中间两头作难，谁也说服不了！到底怎么样才好啊！

 **教育故事**

儿子的事让我无心工作，同事刘大姐知道了我的烦心事，她建议去找孔老师。于是，我冒昧地来到了孔老师的办公室。

"孔老师，我姓杨，很冒昧来打扰您，但我实在是走投无路了才来求您，希望您能帮帮我！"

孔老师问我是怎么回事，我简单地说了儿子中考考砸了的事。

孔老师问能不能让儿子过来一起谈，毕竟儿子是主角。我担心儿子不来，孔老师说："您拨通家里的电话，我跟他说几句。"

我不敢怠慢，立即拨通了家里的电话。

儿子接起了电话，孔老师按下免提键，冲着电话和颜悦色地说："孩子，你好！很冒昧给你打电话。我叫孔屏，你妈妈为你上职业学校还是复读的事来找我。可是，我认为这是你的事，应该你来选择。你愿不愿意现在到孔老师的办公室来？我们一起讨论讨论，或许我会帮你？"

"您就是经常在报纸上发表文章的那个孔屏吗？"电话里传来儿子惊讶的声音，"是您！您到我们学校给家长做过报告，我当时没有离开学校，站在教室外听您讲课，您讲得很好！我愿意去见您，您能告诉我怎么去找您吗？"

"谢谢你的信任，孩子！"孔老师说着，把办公室地址告诉了儿子。

不一会儿工夫，儿子就满头大汗地站在了孔老师面前。

孔老师问儿子，是愿意妈妈在场呢，还是让妈妈先回家去。孩子说随便。孔老师说，你是男子汉，我们让你做主。孩子说就让妈妈在这吧，于是我们三个人一起开始了谈话。

首先，孔老师建议儿子先谈谈中考有什么需要总结的东西。他说："语文跟别人一对答案，后悔啊，好多不该错的，结果影响了数学和英语，这两门本来基础就不大好。最后数学只考了60多分，英语也才80多分。尤其奇怪的是文科综合，平时的模拟考试都能考120多分的，这次却只考了90多分。"

孔老师问："这是为什么？这么失常，在考试中有紧张焦虑的情绪吗？"

"有的。做政治的选择题，几乎用了半个多小时，不太顺利，答主观题又花了很多的时间。后来做到历史什么的就很忙乱，做的什么也不知道了。"

"那你在这几门中，优势和劣势各在哪里？"

"优势在历史，劣势在政治。"

"这就对了，从劣势入手，遇到困难后阵脚大乱，心浮气躁，劣势更劣，等到优势科目的时候，优势全无。这就是考试的策略问题。我建议你如果以后再有机会参加考试，可以从优势科目入手，最后再答劣势科目的题。这样就不会受到太大的影响了。我给你讲个故事吧。第28届奥运会射击比赛，有个美国运动员，金牌马上就要到手了，可是把最后一发子弹射在了别人的靶上，结果我国运动员意外地获得了一块金牌。这是为什么？那次跳水比赛，中国运动员马上就要拿到十米跳台冠军了，可是失误了；分数排名第二的俄罗斯选手萨乌丁眼看就可以拿到第一名了，可是他也失误了，前所未有的失误，一个老运动员不应该出的失误，结果他也与金牌擦肩而过；结果，第三名的选手意外地捡到了一块金牌。这又是为什么？进入奥运会决赛的选手在技术上的差距并不是很大的，谁能取胜，全看心态。在比赛时，太想得到的人往往得不到，因为动机太强烈，期望太高，出现紧张焦虑，结果眼看到手的金牌飞走了。中考难道就不是这样吗？"

儿子若有所思地点头。

"所以我的第二个建议，以后如果再遇到重大的竞争场合，降低期望值，注意心理调节，缓解心理压力，争取正常发挥甚至超水平发挥。另外，中考的时候应该考完一门丢一门，不要去与人家对答案，以免军心动摇。但是中考过后，认真地反思一下总结一下是必要的，不管你考得好不好，其中的经验与教训也许终身有益。这是我给你的第三个建议。"

接着我们进入第二个话题：到底该上技校还是花钱去上高中？孔老师说，这个问题的重点不在结论，而在儿子的自我认识问题。

"我听你妈妈说你死活不去上技校，能告诉我你的想法吗？"

儿子非常肯定地说："上技校我不甘心，我觉得自己还没有那么差！但是上高中我爸爸又不同意，他对我没有信心。"

牵手两代

父母课堂

"我想知道，你对自己有信心吗？"孔老师十分关切地问。

儿子老老实实地回答说："说实话，我自己也没多大信心。主要是我偏科非常严重，我的数学只有 60 多分，英语也好不到哪里去，高中课程肯定比初中课程难，三大主科有两科不理想，只怕将来升学无望，唉！"

"小小孩子，别动不动就叹气！你今天学不好数学，并不代表你明天学不好，关键是你的态度、决心和行动！当然，你得先弄清楚数学和英语没学好的原因。"

"就数学来说，主要是因为对数学课没兴趣，也听不懂，于是就越来越差。"儿子说。

"对数学课没兴趣，就不好好听，就听不懂，而越是听不懂就越没兴趣，成绩就越差，你的数学学习进入了恶性循环。要解决这个问题，最好的办法就是从培养对数学的兴趣入手。"

"怎么培养呢？还来得及吗？"儿子迫切地问。

"我还是给你讲个故事吧。有位姑娘找了个打字员的工作。一开始她觉得打字是天下最单调枯燥乏味的工作，早上无可奈何上班去，工作犹如是痛苦的煎熬，一天煎熬下来，每天疲惫不堪回家。后来她觉得这样不对，在痛苦的煎熬中工作真是度日如年，必须改变一下。于是她假装对打字产生兴趣，在自己熟练的打字的节奏声中自我陶醉，在自己打得又整齐又漂亮的打字稿中自我陶醉，结果没有多长时间，她真的对打字工作产生了兴趣，觉得这也是一种值得骄傲的劳动，这种劳动中也有许多的乐趣。于是她的打字工作做得越来越好。总经理终于发现了这个整天对自己的工作乐此不疲的姑娘，觉得她对打字这么认真这么兴致勃勃，干其他工作一定也能干得好。于是她当了总经理助理。可是总经理助理的工作也是非常琐碎非常繁忙的。但这姑娘有了第一次的自我经验，也想办法对助理工作产生浓厚的兴趣，每天兴致勃勃地干好自己的事。于是不久，她升任了部门经理。想一想，学习何尝不是如此？对某一门科目没兴趣，怎么办？要想学好它，先假装对它感兴趣，在有兴趣的状态下学习，学习效率是会大大提高的；然后在进步和成功当中，你真的会对这门科目产生兴趣，然后你会饶有趣味地、不知疲倦地去学习，然后取得更大的进步，更大的成功。听明白老师的意思了吗？"

孩子点了点头。

接着孔老师给他提了第四个建议：既然数学最薄弱，就利用暑假把数学补一补。当然不是恶补，而是在培养兴趣的前提下补习，并建议孩子联系一位有耐心的数学老师做家教，让他从初一数学补起，一步一步打好基础。具体目标是：初一数学补习半个月，初二数学补习半个月，初三数学补习半个月。

"还有英语呢！"儿子急切地说。

孔老师说："英语这东西，懒惰的人往往是很难学好的，因为需要大量的记忆。但是，一般来说，数学比较薄弱的人，语言方面应该是有优势的。因为右脑控制语言艺术等比较感性的知识，左脑控制数理等比较理性的东西。既然你的数学比较弱，按理语文、英语等语言学科应该比较强，除非你懒惰。"

孩子笑了："真的是这样，其实英语我是不怕的，就是懒，我的记忆力很好，我努力起来肯定能学好！"

"这就对了，暑假里你可以把数学和英语交替起来学，左脑和右脑轮流值班，就不容易感到累，学习效果就会好很多。"

孩子很有兴致地问："然后呢？您是不是也认为我应该去读高中？"

"如果你让父母看到你的决心和行动，相信他们会对你有信心，也会支持你的。"孔老师说，"除了正规高中，一些职业高中也办普通高中班，也是个不错的选择。我总认为，决定一个学生成败的关键因素不是学校的办学质量，而是你有没有决心有没有毅力去努力克服学习上的困难。"

儿子很有信心地说："我相信我有决心也有毅力。"

"那您呢？"孔老师把话题转向了我。

我笑笑说："现在儿子已经知道了自己的问题所在，已经明确了努力方向，那我们怎么会反对呢？支持还来不及呢！呵呵！"

接着孔老师抛出第五个建议：从今天开始调整心态，从中考失利的阴影中走出来，抬起头来走路，挺起胸膛做人。中考失利是坏事，但是也是好事。这个挫折会帮你成熟起来，清醒地审视自己，想清楚自己到底要的是什么，然后付诸行动。

孔老师的第六个建议是：今天下午完成第一次心理调节后，回家立即把数学初一第一册找出来，把英语书找出来，然后立即进入学习状态！

"心态是重要的，行动更重要！"孔老师坚定地说。

我和儿子说完感谢的话，高兴地离开了孔老师的办公室。

一、 如何面对中考的失利

1. 典型案例解析

中考考砸了变得不肯说话

"我现在该怎么办呢，你们能不能帮帮我？"一位无比焦虑的妈妈给我们打来电话，她的儿子在中考中失利，至今没法走出阴影，已经影响到正常的生活，这位妈妈手足无措。

根据这位妈妈的叙述，儿子小钱是个比较用功的学生，成绩也一直处在班级的上游，"我们本来觉得考上十四中是没有问题的，但没有想到，竟然连七中的分数都不够。刚开始我们家长的心情也很差，也许是没有照顾到孩子的情绪让他心里更加难受，现在他变得话也不肯说了"。

小钱是个比较内向的孩子，对待学习一直很认真，对自己期望比较高。在得知考分后的几天甚至连饭也不愿意吃，家人以为他过几天会好的，但没有想到暑假都已经过半了，他还是一脸郁郁寡欢的样子，每天躲在房间里看看电视或是漫画书，以前努力学习的样子一点也找不到了。"我们都替他急，说他他也不出声，让他去参加辅导班他也不去，给他买教辅书他也不愿意看，难道真是自暴自弃了？"

解析：躲在"壳"里想逃避现实。

小钱其实是给自己做了一个"壳"，躲在里面逃避现实。现在很多孩子常为一点小事伤心或大发脾气，有时会为某一次考试不理想而流泪沮丧，从而导致学习兴趣不高，学习效率极低，这些都说明他们受不起挫折，挫折教育的缺失则是情商教育缺失的重要表现。可以说，这些孩子有智商却没有情商。目前的家庭教育、学校教育乃至整个社会都重视了对孩子智力的投资和开发，情商教育被忽略，如今许多学生出现心理承受能力差、人际关系处不好、缺乏社会责任感等一系列问题，都是由于缺少情商教育而产生的心理疾病。

如今学生因缺少情商教育而在心理上容易出现两大问题：

第一类是由于学习压力过大造成心理承受能力的下降。"虽然以往家长、学校和社会过多关注学生成绩的现状有所改观，但是成绩依然是衡量学生优秀与否的一个重要指标，学生对自己的成绩出现高低起伏的心理承受力在下降。"

第二类是学生在人际交往上存在的问题，其中包括与老师、同学和家长的交流，尤其是和家长之间的沟通存在着一定的问题。"有些学生在学校里表现得很开朗活泼，很善于和同学交谈，但一回到家，就变得沉默寡言，很少与父母沟通。为此，很多家长也感到十分不解。"

小钱无疑属于前一种。

建议：鼓励和赞扬真的很重要。

首先是帮助孩子分析遭受挫折的原因，找出失败的症结，时刻以乐观积极向上的人生态度去影响和感染孩子，使他们学会客观地看待生活中的事物。要让孩子体会只有战胜了困难才能前进一步。其次，鼓励和赞扬很重要，小钱就是因为心理压力增大，产生"封闭心理"，久而久之越来越软弱。当孩子遇到挫折时，父母最需要做的就是鼓励孩子鼓起勇气努力向前。当他表现好的时候及时表扬，让他重新找回自信。另外，如果父母能帮他们将目标确定成"试一试"，孩子的内心会轻松许多，允许孩子在尝试的过程中犯错误和改正错误，即便是尝试中失败，也要让孩子觉得从中有所收获。只有这样，才能使孩子学会自我调整心态，克服困难去追求下一个目标。

2. 做好心理调适

每个参加考试的学生都希望能够金榜题名，但并非所有的人都能如愿以偿。因此便出现了一些在失意的泥沼里不能自拔，甚至自暴自弃的落榜青少年。

其实，考试失利后出现短暂的心理失衡是一种正常的情感反应。不过，如果心理压力过于沉重或持续时间过长，就不利于身心健康和成长了。那么，考试考"糊"了，该如何直面失意呢？

首先，应该正视失败，别光盯着消极面。胜败乃兵家常事，考试考"糊"，对学生而言是很正常的事。一旦你在考试上遭遇挫折，一定要勇敢些，要正视现实，承认你的痛苦和感伤。要知道，从不经历失败，你就无法真正认识人生的真谛。如果一味地生活在懊悔或自责中，消极地看待失利后正在或将要面临的问题，那你能有重新开始的信心和勇气吗？所以，不妨勇敢些、乐观些、积极些。否则，你会由考试的失利转化成心情上的失落乃至人生的失意，而后者对人的"杀伤力"是十分可怕的。

跟自己比，不要拿自己之短比别人之长。考试失利后，很多同学之所以在失意的泥沼中不能自拔，是因为他们总是以超过别人为目标。一旦事与愿违，便会心理错位，拿自己的"失利"与别人的"得志"比，就属此例。"我向来比某某成绩好，可他考上了重点我却没考上"，这样比来比去，不但把信心与斗志比没了，而且使原本不爽的心情越来越糟糕。正确的方法是：以他人为参照榜样，以自己为超越的目标。和自己比，只要今天的自己超过了昨天的自己，就有理由为自己骄傲、自豪。

转移注意，学会规避挫折。考试失利了是哪个学生都不愿看到的结果。情绪扭不过来的时候，不妨暂时回避一下，打破静态体验，用动态活动转换情绪。若你能聆听一段心爱的音乐，跟随乐曲哼起来，动起来，你的心灵也会与音乐一起得到净化；若你把注意力放在与别人轻松交往上，约三五好友，逛逛街、打打球，这都有助于缓解你的失意情绪。规避挫折不是教你逃避现实，而是希望你能尽可能地把愉快、向上的事串联起来，形成愉悦身心的"多米诺骨牌效应"。这样你就可以逐步摆脱烦恼与沮丧，拥有一个阳光灿烂的心境。

学会倾诉，不制造人际隔阂。有些同学考试特别是升学考试考"糊"了后，便会背负起沉重的精神包袱，往日的笑脸不见了，整日深居简出，羞于见同学老师，对同学的电话或来访持抵触心理。其实这是不智的，是在为自己制造人际隔阂，同时也暴露出你心理的脆弱。倾诉可以让你的心灵得到释放。为什么不走出去，找亲朋好友倾诉一番呢？即使痛哭一场也总比一个人躲在家里自责强啊！烦恼发泄出来了，"失意"的病毒便在你心里无处藏身了。

总结经验，为下次冲锋积蓄力量。成功只能坚定我们的信念，而失败则给了我们独一无二的宝贵经验。一次乃至多次失败并不能说明一个人价值的大小，没必要"为了一杯打翻的牛奶哭泣"。你要善于从失败中总结教训，为自己积累更多的经验。是基础差，还是"上场昏"？或者是其他因素？这些都需要你在考试失利后认真总结。再比如升学考试失利后，你肯定会有一段时间情绪低落，但过了这个阶段，一个正常人就会思考失利的原因和下一步该怎么走。而一个心理不健康的人，可能就会沉溺其中，觉得自己完了。有这种想法的时候，也许他就真的离"完了"不远了。

人生不如意事常八九，考试失利不过是命运对你心理承受能力的一种考验罢了。失利了，别失意，若以坚强的意志与自信跨过逆境后，你就会在人生大道上迈出更坚实的步子，获得意想不到的胜利和快乐。

二、 根据孩子的能力和个性做智慧选择

每当看到那些经济条件不好，可为了让孩子进一所好学校，不惜举债的家长，就为他们的孩子担心，因为许多跟本篇文章中的女孩玲玲情况相似的孩子，如果当初他们的家长能将心态放平一些，孩子会发展得很好。希望这篇文章能给今年参加中考的孩子，尤其是家长一个善意的提示。

有人说中考是孩子前途的分水岭。于是乎，中考的孩子就成为每年 6 月的焦点，紧张的复习、考场的鏖战、焦急的等待、忐忑不安中的憧憬……随着分数揭晓，他们的家长即刻成为 7 月的主

角，君不见，张榜之日，所有学校的门口几乎都挤满手握成绩单、怀揣信用卡的父母，他们急切地询问录取分数线，随时准备为孩子的"差额"买单。多数家长认为，为孩子选择一所好高中，就等于选择一个好前程。宁做凤尾，莫做鸡头。哪怕一掷千金，也要让孩子进最好的学校。

近年来，教育"市场"日趋火暴，许多重点校都有了各自"品牌"下民办公助的"校中校"，设施高档的私立校以及国内名牌中学与当地资源整合组建的联办校更是层出不穷，这就意味着教育"市场"为家庭教育"消费"提供的"产品"越来越丰富。面对名校光环的吸引，许多家长乱了分寸，希望通过花钱将孩子"打扮"成美丽的凤尾。今年考期未到，就有不少家长在热线中询问："鸡头凤尾哪样好？"是啊，究竟哪种选择更明智？在回答这个问题之前，我们不妨从琴琴和玲玲这一对初中同桌她们高中三年的经历以及高考结果来解读。

1. 凤尾的烦恼

玲玲和琴琴是一对性情相似、努力学习、成绩优良的好学生。玲玲是班长、老师的得力助手、班级的小"当家"。琴琴是校园艺术团台柱子、潇洒的手风琴"演奏家"、班里的活跃分子。她俩住在一个社区，2003年中考时，玲玲考了576分，琴琴得了572分。按当年升学"行情"，玲玲可以稳稳当当进入一所二类市重点，而琴琴则要从这二类学校中选一所排名靠后的学校才有"保级"希望。

玲玲的母亲面对女儿的成绩单很不甘心，认为孩子的学习成绩一直很好，不应只得这个分数，肯定是在考场上没有发挥出最好水平，假如再考一次，一定比这次好，千万不能因为差这几分与名校失之交臂呀！再说，倘若进不了一流重点校，就等于和名牌大学绝缘。在这种观点指导下，玲玲母亲带着信用卡和昂贵礼品四处奔走，忙了大半个暑假，终于打开一扇向往已久的名校大门，让女儿做了华丽的"凤尾"。当然，班长的头衔、尖子生的荣耀，以及那份如鱼得水的好心情留在了初中，没能带来。

如愿以偿的母亲很高兴，整日沉浸在三年后坐收名牌大学录取通知书的憧憬中。可女儿高兴不起来，面对凭借实力考进来的同学总感到心虚，觉得人家天天走的是正阳门，而自己像是在爬窗户。沉重的思想包袱，使她没能及时进入状态，加之不适应这里的教学方式，尽管很努力，可成绩还是上不去，就像老天爷存心和她作对似的。连续三次测验成绩都不好，强烈的挫败感使她失去信心。

尽管母亲常以"人往高处走，水往低处流。凤尾终将还是凤，总比鸡头强；甭管以什么方式进来，只要进了市重点就高人一等，将来考名牌就有保障"等话语激励，可玲玲的心情和成绩始终不见起色。开始，母亲还稳得住神儿，觉得在这样一个强手如云的名校，即使考试名次不太好，也比普通校学生水平高，再说女儿既聪明又要强，过了"磨合期"自会好起来。然而，一年过去，在高一期末考试中，玲玲竟成为班里倒数第一名。

母亲慌了，未等放假就催促女儿制订整改计划，为她聘请家教，还把正在北大读书的侄子叫来"传经送宝"。玲玲也想利用假期把高一的"欠账"补上，由于心切，制订的目标太高，力所难及。没过几天，就为完不成计划而沮丧、逃避。尽管不想让母亲失望，她一再表示明天会加倍补上，而实际上则是话音未落，泪痕未干，就扔掉书本，绕开写字台，直奔电视机。

到了高二、高三，玲玲的情况更加困难。因为班里同学早已适应了高中学习模式，既没欠账，也没包袱，可谓轻车熟路。而玲玲则是肩挑两副重担，负重行走，不仅要学新的，还要补"旧账"，苦不堪言。结果在 2006 年高考中失利，落在二批本科院校分数线下。

母亲的失望与女儿的挫败可想而知。身为家长不顾及孩子切实感受，不考虑孩子实际能力、心智条件，不体察孩子从优秀班长到借读生之间的心理落差，一味渴求名校声望，固执地按照个人意愿行事，是造成孩子升学失利的主要原因。

2. 鸡头的智慧

虽说琴琴的中考成绩比玲玲略差一点，但并未低出一个梯次，而琴琴家的经济状况不比玲玲差，甚至还略好一些，按理说她要当个凤尾也不成问题。然而，琴琴母亲很理性，她觉得孩子是学习的主体，而学习是她实践个人理念、树立人生目标的过程。平心而论，琴琴不是很灵透，只是个学习自觉、成绩平稳、没有大起大落的孩子。本次中考成绩，基本是她学习能力的体现，因而不能任意拔高，"鞭打快驴"，做个朴实的鸡头也无妨。琴琴母亲经再三斟酌，为女儿选定一所离家较近、硬件设施好、校园安定、三年之内不会大兴土木、校风朴实的二类重点校。

在此之前，也曾有人相劝："机不可失。名校就是名校，既有好师资、好生源，又有好教法、好校风，像琴琴这样的孩子进名校才是正道儿。为什么舍不得给孩子'买'机会？别看她现在比玲玲只差4分，若是不进名校，将来高考时恐怕要比人家低出40分！"面对大家的规劝，琴琴母亲有所动心，她对孩子说："如果你想做凤尾，我可以给你花这笔钱。"琴琴回答："不做。第一，高额择校费对我压力太大。第二，假如真成为倒数第一名，会被人家瞧不起，没人愿意跟我做朋友。要是没朋友，三年的日子怎么过？"母亲觉得女儿的话有道理，在孩子"最需要发展同伴关系"的年龄岂能没朋友？

其实，琴琴在这所学校里还称不上鸡头，只算是上游，班里的前四分之一而已。为此，她给自己制订了一个名列前十、不出第一"方阵"、既不加压也不松懈的原则。琴琴在学校里的最大感受是，老师有耐心，为了让多数同学听得懂，讲课时总是不胜详尽。由于老师讲得仔细，琴琴写起作业来既省时又省力。为了弥补本校师资之不足，琴琴和几位进入名校的初中同学经常联系，询问他们在看哪些教辅书，请他们将做过的试卷复印一份寄给自己，以了解名校的教学思路。此外，一旦发现有偏科情况，马上到校外选读提高班，及时填补"亏空"。

琴琴的母亲对女儿宽严有度，为了帮她提高英语成绩，买了好几本N次贴，让孩子把难记的单词写在贴纸上面，然后贴到自己房门上以备随时查看。三年过去，房门上粘满一层又一层的纸片，看上去就像女孩儿穿的千层裙，成为家里的一景。

平和的心态、坚定的目标、科学的方法、合理的起居饮食调配，均化为琴琴的"助考剂"，使其在 2006 年高考中，考出高于天津地区文史类一批重点本科线 37 分的好成绩，她完成了由朴实的鸡头到凤凰的"蜕变"。

当然，我们不能因为玲玲失利就认为选择凤尾失策；同样道理，也不能因为琴琴成功就觉得只有当鸡头才明智。其实，鸡头与凤尾只是一个动态抗衡。所谓"鸡头"意思是说，学生个人水平能够在自己所属群体中处于领先地位。选择做鸡头的好处是可以使人在自我肯定、自我满足情绪状态下学习。不过，它也存在弊端，有一定负面影响，比如，良好的名次会使人的进取心慢慢钝化，在一个总体实力并不很强的集体中陶醉。

所谓"凤尾"的含义是超越自己实际水平所属集体，选择比自己高出一个或几个层次的人群为伍。做凤尾的好处是，有利于在竞争环境中强化个人学习动机，领略提升感。它所带来的负面影响表现在，由于个人实力不足，难于适应强手如林的竞争环境，不易获得成功喜悦，自尊心容易受损。由此说来，鸡头凤尾各有利弊，关键在于各得其所。

3. 做鸡头做凤尾因人而异

一般说来，不适合做凤尾的孩子有这么三种：

其一，像琴琴这样自尊心强，平时学习认真，中考成绩基本反映个人真实水平，满足现有地位，害怕在高手云集的班里，因为成绩差而得不到老师重视，被同学歧视，家庭责任心较强，不愿让父母为自己的成绩"买单"的孩子。

其二，像玲玲这样考试焦虑、遇事紧张、临场发挥欠佳的孩子。比如，玲玲母亲让孩子进名校的理由是"她的成绩一直很好，只是在考场上没有发挥出应有水平"。然而，她们母女没有意识到"临场发挥欠佳"是个需要解决的心理问题。"欠佳"的阴影，深刻地留在玲玲的潜意识里，使其遇到考试就紧张，生怕"老天爷存心和她作对"，以致积重难返，每况愈下。

其三，学习习惯不佳、方法落后、不善于总结经验教训，同时又固执己见、不愿借鉴他人长处的孩子。比如，没有哪个学生敢于轻视外语，谁都知道它是高中课程里的"重中之重"、升学必考科目，可有多少人具有琴琴那样的耐心？试想，当一个学生没有形成好的学习习惯和方法，进入高中后，面对一下子加大密度和难度的课程怎能适应？倘若不及时调整，势必要陷入一个得过且过、负债累累的恶性循环之中。

那么，什么样的孩子适合做凤尾呢？大致也有以下三种：

其一，成绩好、基础牢，同时又具备强烈的竞争与提升意识的孩子。只是由于在备考期间受到某种恶性事件干扰，其没能有效地总结复习而导致考场失利。比如玲玲和琴琴的同班男生宇光，在中考前的一天黄昏，他骑着自行车驶出校门不远，即被一辆闯入逆行道的三轮车撞倒，摔在凸起的便道沿上，左臂骨折。这一意外事件给他造成时间、肉体、精神等多方面损失。由于是托着夹板进考场，因而没有发挥出真实水平。

其二，具有积极的学习态度和良好意志品质，因地域条件所限，没有得到更多教育资源的孩子。以天津地区为例，小学生毕业时，大多采取就近入学，一部分较优秀的学生可进入本区、县内的重点校。然而，由于历史、经济以及政策等多种原因，教育资源分布不均，诸如有的区域名师云集，有的地方名师寥寥无几。来自教育资源相对薄弱地区，而自己又十分要强的孩子，一旦进入名校，自会力争上游，很快适应竞争环境。

其三，天赋较好、头脑聪明、单纯好玩儿、不求上游、以"中庸"姿态学习的孩子。这样的孩子一旦进入更高一级水平学校的话，就会被浓厚的学习氛围所感染，促使其挖掘潜能，即使还居于中游，那么，他的实际水平已经有了质的飞跃。

当然，无论怎么说，选择凤尾也要有一个度，那就是最好不要以倒数第一名身份进入。毕竟每个考出高分的学生都很有实力，不容易超过。从某种意义上说，学生考试与体育竞技有相通之处，即越是高分、靠近满分其含金量就越高，在很大程度上代表了一个学生的学习能力、知识整合能力、应试能力以及心理调节能力的总和，是多年历练"磨合"的体现，绝非短期发愤的结果。

中考既是孩子成长中的一个阶段，也是人生中的一次选择，当然，正是因为每一次不同的选择，每个人的脚下才会铺开不同发展方向的道路。作为家长面对选择定要实事求是，心平气和，切忌凭自己一相情愿替孩子做主，毕竟三年的学业，要靠孩子自己完成。

三、 做好孩子升学和择业的参谋

面临人生第一次重大的转折和重要的选择，孩子的心里有紧张，有惊喜，有憧憬，也有困惑和迷茫。尝试着展翅飞翔的雏鹰的翅膀，还是稚嫩的；十四五岁的年龄毕竟还不成熟，需要指引和导航。家长应该做孩子升学、择业的参谋。

1. 帮助孩子树立正确的成才观、择业观

现在，大多数孩子都来自独生子女家庭。社会发展了，生活条件也都好起来了，家长都十分重视孩子的教育，舍得为子女的教育投资，"望子成龙"和"望女成凤"的心情尤显迫切。初中毕业生的家长，大都希望孩子能够考上重点高中或一般高中，将来考上大学，接受高等教育。不少家长甚至认为：只有考上高中，将来才能成才；上不了高中，孩子的未来就完了。家长这种渴望孩子多学一点文化知识的迫切心情是可以理解的，但这种成才观、择业观却有失偏颇。它会潜移默化地影响学生，使学生不顾个人才能、学业基础、个性爱好等实际因素，在"升高中，考大学"的"独木桥"上拼搏，导致不少学生以"失败者"的心态进入高中阶段的学习或步入生活，反而影响他们的进一步发展和成长。

我们要帮助孩子树立正确的升学观、择业观，引导学生正确看待社会需要。众所周知，社会是丰富多彩的，社会需要的人才也是多方面的，可谓"三百六十行，行行出状元"。它需要高新科技研究者，需要各方面的专门人才，同样也需要一大批高素质的职业技术工人和各种服务性人才。升普高，将来上大学固然是成才的重要途径，但接受职业技术教育，掌握一技之长同样也可以成才。成才的道路不是"独木桥"，而是"立交桥"，关键在于"扬长避短"，把握好未来发展的方向。

2. 充分尊重孩子，帮助孩子把握发展方向

在升学、择业的问题上，家长对孩子的要求不能过急，更不能期望过高。有的家长因为历史原因自己未能受到较高层次的教育，现在把"生平未实现的意愿"统统期望孩子来实现，给孩子提出不切实际的要求，结果既不能如愿以偿，又影响了孩子的身心健康。一般来说，可以根据孩子的学业实际和学习潜能，确定他的发展目标。如果学生学习成绩优良，数理、语言基础扎实，智力水平良好，则可选报高中；如果同时在非智力因素或智力因素的某方面有突出表现，有浓厚的认知兴趣和旺盛的求知欲，思维敏捷，理解能力强，有独创性，有敏锐的感知能力和良好观察能力等，这样的优秀学生，还可以选报重点高中；如果学生在某一方面有浓厚的兴趣和一定的知识广度，而且文化基础比较扎实，就比较适合选报中等专业学校；而学习成绩相对薄弱，但动手能力较强，喜爱劳动实践的孩子，则可以选择相应的职校、技校。

另外，家长一定要从孩子的兴趣、特长出发。著名导演谢晋在回忆自己的学生时代时说，他对数字的概念极差，害怕数学，成绩一直不好。现在仍然如此，有时竟然连自己的电话号码都记不起来。然而，他史、地的成绩极好，常常得满分。父亲希望他报考交通大学，他却去重庆念国立剧专。这使父亲大为失望。可是，他却学得如鱼得水，成绩名列前茅，后来成为成就极高的电影艺术家。所以说，兴趣是最好的老师，也是走向成功的前提，同时也往往是某一方面才能的初步体现。而个性特长更是为孩子将来的发展奠定了良好的基础。家长在升学、择业的指导中，应

该充分重视鼓励孩子兴趣爱好、个性特长的发展，并充分尊重孩子的意愿。家长切不可居高临下，代替孩子武断地做出选择，而要冷静分析，耐心指导，共同讨论，尤其要倾听孩子的想法，以求得到共识。

 **经验共享**

考试结束后，和孩子坐下来，就升高问题进行深入探讨：重高、普高、职高、技校，究竟该如何选择

选择前先明确以下几个问题：

1. 学生对自己前途的选择是不是有一定的盲目性。我们要说的是适合自己的教育，才是最好的教育。

2. 家长常常把自己的意愿强加到子女身上。家长要客观地认识自己孩子的学习能力和发展潜力。

根据近几年的情况，我们发现一些家长和学生在中考志愿的填报上存在不少的误区，最突出的是，一些家长不能对自己的孩子进行客观评价，把自己的主观愿望强加在孩子身上，给孩子的成长带来很大的负面影响，甚至造成心理上的伤害。

一些家长通过多种渠道，花高价把学习兴趣不大、自控能力较差的孩子送入重点高中。结果孩子在竞争激烈的学习环境中，处处感受到自卑和失落，唯有家长争得个孩子在重点高中读书的"面子"。

还有一些城市的独生子女被家长送到农村的重点高中，也因不能适应农村中学的管理方式和教学方法，在心理上造成极大的

挫折感，特别是在意志品质坚强的农村同学面前，丧失了原有的自信，给孩子一生的成长都带来负面的影响。

对成绩不理想、进入高中将来升学的希望不大的同学来说，可以选择职高，并通过对口单招进入名牌大学读本科。

一些家长缺乏对当前教育信息的了解，一门心思上普高，认为上职高，家长和学生都有一种面子上过不去的感觉。因此，与就业形势很好、升学渠道很宽的职业教育失之交臂，失去了就业升学双重机会，十分可惜。

面对关系着孩子的未来的升学问题，所有的家长都想让自己的孩子得到最好的教育，但对于不同的孩子，也应该选择不同的教育资源。唯有适合自己孩子的教育，才是最好的教育。

考生求助热线

失败是成功之母

孔老师：

您好！很早就想给您写信了，但是一直鼓不起勇气。我是一个失败者，一个中考失败的学生。落榜那天，我的心仿佛都要碎了，三年初中生活竟是如此结果。我身边的好友渐渐和我疏远了，我就像是陷进了一个旋涡之中，越陷越深没有人帮我。无人时我时常落泪，为什么老天这么不公平！您能帮帮我吗？

渴望帮助的小柏

小柏：

你好！你最终鼓起勇气给我写信，我非常珍惜你对我的信任！

你的来信反映出三个问题：你是一个失败者，你身边的好友和你疏远了，老天对你不公平。下面我将三个问题一一进行分析，看看能不能给你提供帮助。

小柏，你因为自己中考落榜，就认为自己是一个失败者，我想问你，人生路上的一次失败经历难道就注定了一生的失败吗？你不妨找一找，古今中外那些功成名就的人当中，有哪一个人的身后没有留下曾经失败的足迹？成功是什么？无数事实证明，成功是失败由量变到质变的必然结果。你想让自己走向成功吗？那么，失败是你的必经之路，勇敢地面对失败，以必胜的信念继续你今后的征程，相信不久的将来你一定会品尝到成功的甘露！

接下来，你仔细想想，因为中考落榜，是你有意识地远离了原来的好朋友还是他们故意疏远了你？人在受到失败情绪影响时，往往会出现判断失误，你是不是这样呢？也许是中考的失利，让你产生了自卑的心理，使得原本活泼的自己开始封闭了心门，你开始远离你曾经的好朋友。在很多时候，你的朋友是在远处默默地看着你并关注着你，他们或许是不想在这个时候再次打乱你的心绪，他们是在给你一个独处的空间和时间，让你自己去思考，让你靠自己的勇气走出失败的阴影。再说，即使是他们真的因为你中考的失败而疏远了你，你认为他们还是你真正的朋友吗？这样的朋友失去了未必不是一件好事。小柏，当你走出失败带给你的阴影的时候，你会发现世界并没有改变，今后的路上，你依然会有朋友相伴，比如我，你不是因此而结识我了吗？

最后，我想对你说：老天并不认识你，当然也谈不上对你的公平与不公平。先收起无用的眼泪，好好反思一下：中考失败的原因到底在哪里？是因为学科知识掌握得不好还是因为心情紧张影响了正常水平的发挥，还是别的什么原因？找到了根源之后，明确自己下一步的奋斗目标，并立即付诸行动！孔老师相信你的明天会美好！

孔屏

 自我检测

◎理想的自我探讨：

我的理想

实现理想的途径

参考文献

[1]孔屏．蹲下来和孩子说话[M]．济南：泰山出版社，2005．

[2]孔屏．用心和孩子交流[M]．济南：泰山出版社，2005．

[3]孔屏．你的身边有我[M]．北京：中国妇女出版社，2007．

[4]李喜寿．对初中学生进行责任教育的研究[D]．山东师范大学出版社，2006．

[5]陈道华．蹲下来和孩子说话[M]．北京：农村读物出版社，2006．

[6]王桂亮．亲子共成长：初中篇[M]．济南：泰山出版社，2006．

[7]刘翔平．中学生心理素质训练教程[M]．沈阳：辽宁少年儿童出版社，1998．

[8]刘翔平．战胜考试焦虑[M]．北京：北京出版社，2001．

[9]阿里斯·托马斯．快乐密码心理测试100问[M]．刘锦辉，刘晓云译．上海文艺出版社，2006．

[10]吴增强．心理健康教育课程设计[M]．北京：中国轻工业出版社，2007．

[11]金戈主．孩子厌学怎么办？[M]．哈尔滨：黑龙江人民出版社，2004．

[12]郭静燕，邓林粤．中学生心理压力调查[R]．2007．